Franz Schlosser

Spaß mit Latein

für Groß und Klein

Spiel-, Tanz- und Bewegungslieder, Frage- und Ratespiele, Würfelspiel und szenisches Spiel zur Unterrichtsgestaltung Latein

www.aschendorff-buchverlag.de

Illustrationen: Franz Schlosser

Printed in Germany

ISBN 978-3-402-13467-2

Vorwort

Das mit Illustrationen aufgelockerte und mit Vokabelhilfen versehene Büchlein „Spaß mit Latein“ ist lehrbuchunabhängig und als Zusatz (nicht Ersatz!) zu den jeweils eingeführten Lehrwerken gedacht.
Es enthält neben sogenannten Warm-up-Songs, Spiel-, Gruß-, Tanz- und Bewegungsliedern (mit deutschen Spielanleitungen) auch Grammatik- und Wortschatzlieder, Rätsel, Frage- und Ratespiele, ein Strandspiel (Alea iacta est) und ein fächerübergreifendes (Latein, Englisch) szenisches Spiel für unterschiedliche Zielgruppen. Die Bandbreite reicht vom Anfänger der 5. bis zum Oberstufenschüler der 13. Klasse.

Die Intention des Bändchens:
Die Schüler sollen spielerisch mit mnemonischer Hilfe durch Melodie, Reim und Rhythmus ihren (neo-)lateinischen Wortschatz erweitern sowie wichtige grammatische Strukturen einüben und internalisieren.
Ihr kreatives und „theatralisches“ Potential soll geweckt und gefördert werden.
Der sozial-integrative Charakter des gemeinsamen Singens und Arbeitens soll nutzbar gemacht werden.
Durch eine etwas unorthodoxe Methodik soll der „übliche“ Lateinunterricht etwas „aufgelockert“ und der Spaßfaktor für die Schüler erhöht werden.

Waldsee/Pfalz, im April 2016
Franz Schlosser

Lieder

Spiele 50

Canta, lude, disce: Latinisierte Lieder

Es gibt viele Gründe, die den Einsatz von Liedern im Fremdsprachenunterricht, Lateinunterricht inklusive, rechtfertigen:

- Kinder, auch solche des Computerzeitalters, singen (und spielen) gerne.
- Singen im Fremdsprachenunterricht ist eine Variante des Lernziels Sprechen.
- Singen ist unbewusstes, durch Reim, Rhythmus und Melodie erleichtertes Memorieren fremdsprachlicher Lexik und Strukturen.
- Singen macht sensibel für Klang und Struktur von Sprache.
- Singen entspannt und macht Spaß.
- Singen sorgt für Abwechslung im Unterricht, fördert die Gemeinschaft und stärkt die soziale Kompetenz.
- Gemeinsames Singen im Chor ist sozial-integrativ, d.h. eher schüchterne, introvertierte Schüler werden mit einbezogen und können in der Gruppe psychologische Hemmungen abbauen.
- Wortschatz und Grammatik singen heißt lernen abseits der „didaktisch-methodischen" Trampelpfade.

„Canta, lude, disce" enthält eine Vielzahl allseits bekannter deutscher, englischer, französischer und italienischer Kinderlieder (wie z.B. *Fuchs, du hast die Gans gestohlen, Old Mac Donald, Frère Jacques, Come balli bene, bella bimba,* etc.), deren Melodien international, d.h. nicht nur in dem jeweiligen Ursprungsland, bekannt sind.
Eine Vielzahl von Kinderliedertexten wurden in die „tote" Sprache Latein übertragen, annotiert und zur optischen Auflockerung mit Illustrationen versehen.
Teilweise wurden die Lieder der Musikmode folgend als **Raps** textlich und rhythmisch verändert.
Aus reim- und rhythmus-technischen Gründen, d. h. um die Singbarkeit der Lieder, das A und O, letztendlich gewährleisten zu können, kann die Übersetzung in der Regel nur sinngemäß sein.

Allseits bekannte Lieder zur klanglichen Einstimmung auf die lateinische Sprache

Das Ziel ist hier nun weniger das Erlernen und Kognitivieren der lateinischen Sprache. Die Kinder sollen in erster Linie Spaß haben am Trällern einfacher, gängiger latinisierter Kinderlieder volkstümlicher Herkunft, die leicht ins Ohr gehen. Sie sollen dadurch (in erster Linie) mit dem Klang und Rhythmus der lateinischen Sprache vertraut gemacht werden mit dem „Hintergedanken", dass ihre Neugierde für das Fach Latein geweckt wird.
Die lateinische Aussprache stellt glücklicherweise kein entscheidendes Hindernis dar. Das Problem der Betonung löst sich automatisch durch die reim- und rhythmusbedingte Lenkung. Da die Lieder den Kindern inhaltlich bekannt sind und sie also grob wissen was und worüber sie singen, wird das Singen auf Latein für sie zum Erfolgserlebnis.
Zielgruppe: Lateinanfänger ohne Kenntnisse der Sprache und Lateinschüler/innen im 1. und 2. Lernjahr

Gruß- und Glückwunschlieder

Spiel- Tanz- und Bewegungslieder

Kinder haben ein ihrer Natur inhärentes Grundbedürfnis nach spielerischer Bewegung. Diese kinetische Energie soll gefördert und für den Lernprozess genutzt und kanalisiert werden. Erwiesenermaßen lernt man mit Bewegung einfacher: Ludendo, saltando, commovendo melius discimus!
Zielgruppe: Lateinschüler/innen ab dem 1. Lernjahr

Wortschatzlieder

Kinder lernen gerne – auch Latein – wenn dies ganz zwanglos beim Singen und im Spiel geschieht. In diesem Kapitel soll sich diese Tatsache zunutze gemacht werden. Es soll nach Sachgebieten geordnetes „alltagstaugliches" (neo)lateinisches Vokabular (z.B. Wortfeld: Berufe, Tiere, Musikinstrumente etc.) auf allseits bekannte Kinderliedmelodien gesungen oder gerappt, also rhythmisch gesprochen, und eingeübt und kognitiviert werden.
Zielgruppe: Lateinlernende ab dem 2. Lernjahr

Grammatiklieder

Ziel der Grammatiklieder, deren Melodien und, sofern es sich um deutsche Lieder handelt, auch Texte allseits bekannt sein dürften – wenn nicht, hilft das Internet – ist die Wiederholung, Einübung und Internalisierung der darin enthaltenen Grammatikstrukturen (z.B. AcI, Gerundium/Gerundivum, Ablativus absolutus etc.). Dabei wird den gehirnphysiologischen Erkenntnissen des durch Reim, Rhythmus und Melodie der Lieder erleichterten Lernens und Memorierens Rechnung getragen.
Zielgruppe: Schülerinnen und Schüler ab dem 2. bzw. 3. Lernjahr Latein

Allseits bekannte Lieder zur klanglichen Einstimmung auf die lateinische Sprache

Alle meine Entchen

Quae in stagno natant
aniticulae
omnes sunt meae.
Rostra sunt summersa,
exstant caudulae.

stagnum – Teich, Tümpel; natare – schwimmen
aniticula/anaticula – Entchen

rostrum – Schnabel; summersus – untergetaucht
exstare, exsto – herausragen; caudula – Schwänzchen

Alle Vöglein sind schon da

Avicellae adsunt iam,
omnes avicellae.
Sturni, turdi, merulae,
omnes optant aves hae,
ut sit faustus, prosperus
tibi annus novus.

Avicellae adsunt iam,
omnes avicellae.
Mire illae cantitant
pipilantque, sibilant.
Tempus vernum nuntiant
aves nitidellae.

avicella – Vögelchen

sturnus – Star; turdus – Drossel; merula – Amsel

mirus – wundersam
pipilare – piepen; sibilare – pfeifen
vernus – Frühlings-
nitidus – stattlich, schön

Auf einem Baum ein Kuckuck

In arbore cucullus ...
cu-cu-cu-li, cu-cu-le, cu-cu-la, cu-cu-lo,
in arbore cucullus est.
Videt venator miser ... um.
Facit sclopeto suo ... bum!
Sed anno post in brachi ... o
cucullus sedet denu ... o.

cucullus – Kuckuck; venator, oris m – Jäger; sclopetum – Gewehr; brachium – Ast

Come Follow Me

I mecum, mecum, mecum, mecum,
mecum, mecum, i cum me.
Quonam tecum eam, eam, eam,
quonam velis eam, dic, cum te?
I in silvam, i in silvam,
i in nemora cum me.

quonam? – wohin denn?

nemus, oris n – Gebirgswald

Der Kuckuck und der Esel

Cuculus asinusque
dissentiunt inter se.
||: Quis optimus cantator, :||
||: quis cantat optime? :||

Cuculus: "Cantatorum
sum rex haud dubie!"
||: Sed asinus: "Sum ego, :||
||: qui melius canto te! :||

Communiter nunc cantant
voce mirifica.
||: Quae resonat per silvas :||
||: Cucu, i-a, i-a. :||

dissentire – uneinig sein, streiten; haud dubie – zweifellos; communiter – (Adv.) gemeinsam; vox, vocis f – Stimme; mirificus – wunderbar; resonare – ertönen

Ein Männlein steht im Walde

Homullus stat in silva.
Palliolo
homullus est amictus
purpureo.
Quis terrarum pumilus
palliatus rubidus,
qui in silva stat, solitarius?

homullus – Männlein; pallium – Mantel; amincire – umhüllen; pumilus – Zwerg; palliatus – mit einem Mantel bekleidet; solitarius – einsam

Frère Jacques

Hannes frater, fac e lecto
surgas, nam
templi iam
resonant campanae,
resonant campanae:
Bim bum bam,
bim bum bam,

fac surgas! – mach und steht auf!

campana – Glocke

Fuchs, du hast die Gans gestohlen

Redde mi anserem cleptum
II: quam celerrime :II
II: aliter venator, vulpes,
telo tollet te! :II

reddere, reddo – zurückgeben; anser, eris m – Gans; clepere, clepo – stehlen; quam celerrime – unverzüglich; aliter – (Adv.) sonst; telum – Schusswaffe; tollere, tollo – hier: töten

oder:

Vulpes, quem clepsisti, redde
mi anserculum
amatissimum,
||: aliter sclopetum venatoris faciet „bum“. :||

anserculus – Gänschen

Hänschen klein

Hannulus
hilarus
domo exit filius.
Baculum,
petasum
habet lepidum.
Mater flet, quod Hannulo
nunc orbatast filio.
Peregre
ea de
domum redit re.

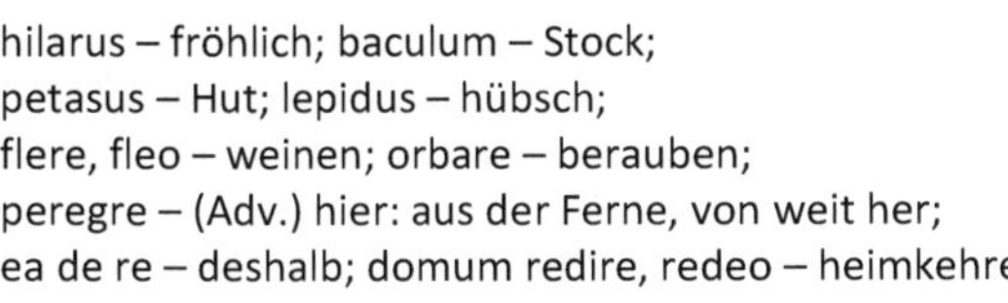

hilarus – fröhlich; baculum – Stock;
petasus – Hut; lepidus – hübsch;
flere, fleo – weinen; orbare – berauben;
peregre – (Adv.) hier: aus der Ferne, von weit her;
ea de re – deshalb; domum redire, redeo – heimkehren

oder:

Hannulus
filius
valedicit omnibus. — valedicere, valedico – Lebewohl sagen
Baculum,
petasum
sumit nitidum. — sumere, sumo – nehmen; nitidus – schmuck
Mater autem lacrimat.
Sine Hanne sola stat.
Revenit peregre
pupus propere. — pupus – kleiner Junge; propere – (Adv.) schnell

Cantiuncula rap

Iohannulus filius domo exit.	domo exire, exeo – von zu Hause weggehen
Iohannulus filius peregre it.	peregre – (Adv.) hier: in die Ferne
Iohannulo filio petasus est	
et baculum ei et sacculus est.	saccus – Beutel, Säckchen
Matercula flet, quod nunc filio orbatast.	orbare – berauben, verwaist machen
Matercula flet, quod nunc filio privatast.	privare – berauben
Quid facit Iohannulus ea de re?	
Celeriter domum redit peregre.	celeriter – (Adv.) schnell

My Bonnie Is Over The Ocean

Amantulus meus trans mare
vastissimum est, peregre.
Amantulus meus trans mare.
Referte amantem ad me.
O, referte amantulum meum ad me, ad me,
O, referte amantulum meum ad me!

Per somnum videbam amantem,
dum lectulo meo insum,
per somnum videbam amantem,
eheu, fluctibus obrutum.
O referte ...

O venti, per pelagus flate,
per pelagus vastum. Ad me
amantulum meum spirate,
spirate eum peregre.
O spirate ...

Per pelagus venti flaverunt,
dis gratia contrarie
vi summa atque rettulerunt
amantulum meum ad me.
Rettulerunt ...

amantulus – Schatz, Liebling (Kosewort); vastus – riesig; peregre – in die Ferne/aus der Ferne; somnus – Schlaf; obruere, obruo – überschütten pelagus, in die offene See; flare – blasen; spirare – hier: blasen; e contrario – in entgegengesetzter Richtung

Cantiuncula rap

Trans mare, eheu, est, quem nimis suspiro,
amator, cui nubere cupio viro.
Quis referet eum, cuius inflammata
amore sum, corculum, quo sum orbata?
O quis ad me miseram referet eum?
Quis gentium referet corculum meum?

suspirare aliquem – sich sehnen nach nubere, nubo (+ Dat.) – heiraten (einen Mann); amore inflammatus – sehr verliebt; orbare – berauben

gentium – hier: um alles in der Welt

In lectulo nocte hestierna iacebam
et mortuum meum amantem videbam.
In lectulo nocte hestierna cubabam
et mortuum meum amantem somniabam.
O venti, trans mare, amabo vos, flate,
amantulum meum ad me reportate.
Dis gratia, Zephyrus flavit et flavit
et meum amantem ad me reportavit
et meum amantem ad me reportavit.

lect(ul)us – Bett; hestiernus – gestrig

cubare – ruhen

Zephyrus – Westwind

O du lieber Augustin

O Auguste bone mi,
vae tibi, vae tibi!
O Auguste bone mi
actumst de te
aere orbato,
amica privato. O,
o, Auguste bone mi,
actumst de te!

vae – wehe

actumst de te – es ist um dich geschehen
aes, aeris n – Geld; orbare – berauben
privare – berauben

The Muffin Man

Iamne novistis dulciarium
pistorem crustularium?
Iamne novistis hunc virum, qui
hic vivit et laborat?

Pistorem hunc certe novimus.
Est bene notus omnibus.
Hic pistor est nobis notissimus,
nam vivit hic atque laborat.

Canticum rap

Pistorem dulciarium iamne novistis?
Iam virum vidistis, iam hunc convenistis?
Vir crustula coquit spirasque libaque
panesque dulciores quam mel ceteraque.

Hic pistor, hic vir crustularius cunctis
est notus viventibus atque defunctis.
Qui crustularius notus est nobis.
Qui crustularius notus est vobis.

novisse, novi, notum – kennen; pistor (-oris, m) dulciarius – Zuckerbäcker; convenire, convenio, veni, ventum – treffen, besuchen; coquere, coquo, coxi, coctum – backen; spira – Brezel; libum – Kuchen; mel, mellis n – Honig; defunctus – verstorben

Gruß- und Glückwunschlieder

For He's A Jolly Good Fellow

Hic certe certus amicus,
Hic certe certus amicus,
Hic certe certus amicus:
Quod non negandum est.
Quod non negandum est.

certus – unzweifelhaft, zuverlässig

negare – bestreiten

Good Morning To You

Beatum et felix sit mane tibi.	mane, is n – Morgen
Ut vales? Ut vales?	
Te protegant di!	protegere, protego – beschützen; di = dei
oder:	
Iucundum et gratum sit mane tibi.	iucundus – erfreulich; gratus – angenehm
Valere te iubeo,	
domine / anime / muscule mi.	musculus – Mäuschen (Kosewort)

Happy Birthday To You

Hodierno die,
hodierno die,
quo es natus, care ... N.N.
(quo es nata, cara ... N.N.)
bene habeas te!

oder:
(ein Junge hat Geburtstag):
Dies nati tui
sit iucundus tibi.
Dies nati tui faustus
sit, o anime mi.
(ein Mädchen hat Geburtstag):
Sit faustissimus, mi
cunicelle, tibi
dies tuus natalis.
Tete protegant di!

oder:
ll: Bene habeas te :ll
mi ocelle, hodierno
tui nati / tuae natae die.

hodiernus – heutig; faustus – gesegnet, Glück bringend;
animulus – Schätzchen (Kosewort); cuniculus/cunicellus – Kaninchen (Kosewort); oculus, ocellus – Äuglein (Kosewort)

Wie schön, dass du geboren bist

Gaudemus, quod es genitus.
Tu nobis acceptissimus.
Gaudemus, quod es genitus,
quod gratus tu es omnibus.

Gaudemus, quod es genita.
Tu nobis acceptissima.
Gaudemus, quod es genita,
puella venustissima.

Hoch soll er leben (+ Konjunktiv Präsens)

Vivat! Florescat!
Valeat! Crescat!
Floreat!

florescere, floresco – erblühen
valere, valeo – gesund sein; crescere, cresco – wachsen, groß werden; florere, floreo – blühen

Cantiuncula rap

Hodierno est die dies nati tui / natae tuae.
Sit faustus et felix hic dies tibi.
Sit faustus et felix hic dies tibi.
Nobiscum hunc celebra, anime mi.
(Hunc celebra mecum, o ocule mi)

celebrare – feiern;
mi ocule – mein Äuglein (Kosewort)

Spiel-, Tanz- und Bewegungslieder

Clap Your Hands (+ coniunctivus hortativus)

Bei diesem Lied gibt der Lehrer oder ein guter Schüler Anweisungen, die von allen in der 1. Person Plural wiederholt und singend befolgt werden.

L: Plausum manibus vestris faciatis!
(*klatscht in die Hände*)
K: Plausum manibus nostris faciamus!
(alle klatschen in die Hände)

L: Terram pedibus vestris percutatis!
(*stampft mit den Füßen*)
K: Terram pedibus nostris percutamus!
(*alle stampfen mit den Füßen*)

L: Nunc in orbem vos omnes torqueatis!
(*dreht sich im Kreis*)
K: Nunc in orbem nos omnes torqueamus!
(*alle drehen sich im Kreis*)

L: Et nunc inter vos dextram porrigatis!
K: Et nunc inter nos dextram porrigamus!
(*alle reichen sich die Hand*)

L: Et nunc genua vestra submittatis!
(*beugt die Knie*)
K: Et nunc genua nostra submittamus!
(*alle beugen die Knie*)

L: Ut cuniculi omnes nunc saliatis!
(*hoppelt wie ein Kaninchen*)
K: Ut cuniculi omnes nunc saliamus!
(*alle hüpfen wie die Kaninchen*)

L: Et in sellis nunc omnes considatis!
(*setzt sich hin*)
K: Et in sellis nunc omnes considamus!
(*alle setzen sich hin*)

L: Et de sellis nunc denuo surgatis!
(*steht wieder auf*)
K: Et de sellis nunc denuo surgamus!
(*alle stehen wieder auf*)

L: Et nunc corpora vestra inclinetis!
(*verbeugt sich*)
K: Et nunc corpora nostra inclinemus!
(*alle verbeugen sich*)

L: Ut aviculae omnes nunc voletis!
(*macht Flugbewegungen*)
K: Ut aviculae omnes nunc volemus!
(*alle machen Flugbewegungen*)

L: More canum nunc, liberi, latretis!
(*bellt*)
K: More canum nunc, liberi, latremus!
(*alle bellen*)

L: Et nunc capita omnes quatiatis!
(*schüttelt den Kopf*)
K: Et nunc capita omnes quatiamus
(*alle schütteln den Kopf*)

L: Et nunc, liberi, oculos claudatis!
(*schließt die Augen*)
K: Et nunc, liberi, oculos claudamus!
(*alle schließen die Augen*)

plausus, us m – (Beifall-)Klatschen; percutere, cutio – schlagen, stoßen; se torquere, me torqueo – sich drehen; dext(e)ra, ae f – die rechte Hand; porrigere, porrigo – reichen; genu, us n – Knie; submittere, mitto – beugen; cuniculus, i m – Kaninchen; salire – hüpfen; considere, sido – sich hinsetzen; surgere, surgo – aufstehen; inclinare – neigen, beugen;
avicula, ae f – Vögelchen; canis, is m – Hund; more canum – nach Art der (= wie die) Hunde latrare – bellen; quatere, quatio – schütteln; claudere, claudo – schließen

Dornröschen war ein schönes Kind

Die Kinder laufen im Kreis. Dornröschen steht in der Mitte.
Die Kinder bleiben stehen und warnen Dornröschen mit erhobenem Zeigefinger vor der bösen Hexe.
Die Hexe tritt aus dem Kreis und kommt auf Dornröschen zu.
Die Hexe singt oder spricht „Per duo dormies saecula", und Dornröschen fällt in den Schlaf.
Die Kinder heben die Arme in die Höhe und bilden eine Hecke, die Dornröschen „umzingelt".
Der Prinz durchdringt die Hecke. Die Arme werden wieder gesenkt und die Kinder treten auseinander.
Der Prinz sagt zu Dornröschen „aperi oculos" und küsst es auf die Wange oder wirft ihm einen „Luftkuss" zu.
Dornröschen öffnet die Augen.
Der Prinz nimmt Dornröschen in die Arme und steckt ihm einen Ring an den Finger.
Die Kinder tanzen paarweise.

Quam dulcis atque lepida,
lepida, lepida
Rospina erat parvula,
parvula.
Quam visit maga pessima ...
Cui femina malefica ...
"Per duo dormies saecula ..."
Contectast vepre regia ...
Advenit rex – Dis gratia! ...
Rospinulae dat basia ...
Expergefactast parvula ...
Sunt habita sollemnia ...
Est uxor facta parvula.

pessimus – sehr böse; maleficus – bösartig, übel handelnd; vepres, is m – Dornstrauch; dis = deis; contegere, contego – bedecken; expergefieri – aufwachen (expergefactast = expergefacta est)

Drei Chinesen mit dem Kontrabass

Tres Sinenses, qui in foro sunt,
strepitum violis suis faciunt.
"Qui sunt hi?" custodes plebis
inquirunt.
Hi tres musici Sinenses sunt.

forum – Marktplatz
strepitus, us m – Lärm; viola – Bratsche
custos plebis – Polizist
inquirere, inquiro – fragen

Das Lied wird mehrere Male wiederholt, wobei die Vokale des Textes jeweils durch andere ersetzt werden:
Tras Sanansas, qua an fara sant ... Trus ... Tris ... Tros ... Trois ... Trys ... Traes ... Traus ... Treis ... etc.

Es tanzt ein Bi-Ba-Butzemann

Alle bilden einen Kreis. Ein Kind spielt den Bi-Ba-Butzemann, der ein Säckchen hat, das er hinter sich auf den Rücken wirft.
Zuerst tanzt er im Kreis herum, dann rüttelt und schüttelt er sich, dann lacht er die anderen Kinder aus, dreht ihnen eine lange Nase und streckt ihnen die Zunge heraus. Fast am Ende des Liedes wirft er seinen Beutel hinter die Füße eines anderen Kindes – nach Möglichkeit so, dass das Kind nichts davon mitbekommt.
Dann tanzt er immer weiter um den Kreis, als wäre nichts geschehen. Wenn das Kind das Säckchen bemerkt, muss es versuchen, den Bi-Ba-Butzemann ganz schnell zu fangen. Wenn es das Säckchen nicht bemerkt, tanzt dieser seelenruhig einmal um den Kreis und klopft dem Kind dann auf den Rücken.
Jetzt übernimmt dieses Kind die Rolle des Bi-Ba-Butzemannes und der gewesene stellt sich an seine Stelle in den Kreis.

Choream dantes turbat nos	(dis)turbare – stören
homuncio, ti-ri-li, ti-ri-lo,	homuncio, onis m – Männlein
choream dantes turbat nos	
mirus homuncio.	mirus – seltsam
Qui plaudit suis manibus.	plaudere, plaudo – klatschen
In tergo eius sacculus.	tergum – Rücken
Choream dantes turbat nos	
homuncio, ti-ri-lo.	
…	
Qui iactat suum sacculum.	iactare – werfen, schleudern
Quid ei inest gentium?	quid gentium? – was um alles in der Welt?

oder:

Disturbat pi-pa-pumilus	
choream dantes nos liberos.	
Disturbat pi-pa-pumilus	
choream dantes nos.	
Qui palpitat et trepidat	palpitare – zucken; trepidare – zappeln
et saccum suum agitat.	
Disturbat pi-pa-pumilus	
choream dantes nos.	
…	
Qui videt nos	
et ridet nos	ridere, rideo – auslachen
et nos sugillat liberos …	sugillare – verhöhnen, beschimpfen
…	
Qui ludum nobis suggerit	ludum suggerere, suggero – hier: eine lange Nase drehen; exserere, exsero – herausstrecken
et linguam nobis exserit …	

If You're Happy And You Know It

Während des Singens klatschen die Kinder, werfen einander „Luftküsse" zu, lachen, schneiden Fratzen, schließen die Augen, muhen, schnalzen mit den Fingern, wackeln mit den Ohren, rufen „Felix sum!".

Si te habes bene, plausum manibus fac.
Si te habes bene, plausum manibus fac.
Si vis omnes nos videre
tete optime habere,
tuis manibus fac plausum, plausum fac.

... fla basiola
... fla, fla, fla, fla, fla, fla, fla basiola

basiolum – Küßchen

... ride et duc os
... ride, ride, ride, ride et duc os.

os (-oris n) ducere – Fratzen schneiden

... claude oculos
... claude, claude, claude, claude oculos.

... fac muu muu ut bos
... fac muu, muu, muu, muu, muu, muu, muu, muu ut bos.

... crepa digitis
... crepa, crepa, crepa tuis digitis.

... aures agita
... aures, aures, aures, aures agita.

... clama "Felix sum!"
... clama „Felix, felix, felix, felix sum!"

Il contadino si alza al mattino

Während des Singens ahmen die Kinder die typischen Bewegungen des Grabens, Mähens, Pflügens, Hackens, Rechens, Gabelns, Melkens etc. nach.

II: Iam prima luce agricola surgit,
et sua pala laborat vir sic :II

... et suo arátro laborat vir sic
... et suo rastro laborat vir sic
... et sua falce laborat vir sic
... et suo pectine laborat sic
... et sua furca laborat vir sic
... et suo malleo laborat sic

... et sua serra laborat vir sic
... et vaccas manibus mulget vir sic
... et porcos manibus nutrit vir sic
... et iungit equum ad currum vir sic

(e lecto) surgere, surgo – aufstehen; pala – Spaten; aratrum – Pflug; rastrum – Hacke; falx, cis f Sense, Sichel; pecten, inis n – Rechen; furca (faenaria) – (Heu)Gabel; malleus – Hammer; serra – Säge; vacca – Kuh; mulgere, mulgeo – melken; nutrire – füttern; ad currum iungere – anspannen

Io sono un uccello piccino, piccino

Die Kinder bilden einen Kreis. Ein Kind geht in die Kreismitte, schlüpft in die Rolle eines Tieres, indem es dessen charakteristische Bewegungen und Geräusche nachahmt und dabei singt oder rhythmisch spricht. Danach singt der Chor.

Sum parva avicella, quae volo, quae volo.
Sum parva avicella. Aspicite me!
Chor:
Est parva avicella quae volat, quae volat.
Est parva avicella, quae volat. En hunc/hanc!

Sum mannulus parvellus. Quadrupedo curro.
Sum mannulus parvellus. Aspicite me!
Chor ...

Nunc parvula sum lama, qui spuo, qui spuo.
Nunc parvula sum lama. Aspicite me!
Chor ...

Sum culicellus parvus, qui mordeo, qui mordeo.
Sum culicellus parvus. Aspicite me!
Chor ...

Sum talpula parvella, qui fodo, qui fodo.
Sum talpula parvella. Aspicite me!
Chor ...

Serpentula sum parva, quae serpo, quae serpo.
Serpentula sum parva. Aspicite me!
Chor ...

avicella – Vögelchen; mannulus – Pferdchen; quadrúpedo currere, curro – galoppieren; spuere, spuo – spucken; culex, licis m – Mücke; mordere, mordeo – hier: stechen; talpa – Maulwurf; fodere, fodo – graben; serpere, serpo – kriechen

Meine Tante aus Marokko (Melodie: She'll Be Coming Round The Mountains) (+ Futur)

Das Lied macht umso mehr Spaß, je mehr Kinder mitsingen. Am Ende jeder Strophe werden die Ausrufe lauter. Dabei werden die folgenden Bewegungen gemacht:

ho ho ho – zuerst auf die linke und dann auf die rechte Schulter klopfen
hoppelpopopp – mit den Füßen traben
pif paf – mit den Fingern schießen
glu glu glu – aus einer Flasche trinken
cnitchi-cnatch – den Kuchenteig mit den Händen kneten
crrr crrr crrr – eine Handbewegung machen als wollte man sich den Hals umdrehen
snif snif snif – etwas langsamer singen und anfangen zu weinen
ham ham – sich den Bauch reiben
e͡uo͡e – aufspringen und die Arme in die Höhe reißen
bim bam bum – sich wie eine Glocke hin und her bewegen

Mihi amita Maurusia, ho ho ho,
mihi amita Maurusia, ho ho ho,
mihi amita Maurusia,
mihi amita Maurusia,
mihi amita Maurusia, ho ho ho.

Haec camelo invehetur / hoppelpopopp ...
Haec sclopeto faciet bum bum / et pif paf ...
Coca-colam mecum bibet / glugluglu ...
Bonum libum mecum coquet / cnitchi-cnatch ...
Bonum pullum mecum caedet / crrr crrr crrr ...
Sed "Non veniam", vae, scribet / snif snif snif ...
Pullum edimus nunc sine hac / ham ham ...
Mittit litteras "Mox veniam" / e͡uo͡e ...
Resonabunt campanellae / bim bam bum ...

amita – Tante (väterlicherseits); Maurusius – marokkanisch; camelo invehi – auf einem Kamel reiten; sclopetum – Gewehr; libum – Kuchen ; coquere, coquo – hier: backen; pullus – Hühnchen; caedere, caedo – hier: schlachten; litterae, arum f – Brief; resonare – läuten, ertönen; campana – Glocke

Mein Hut, der hat drei Ecken

Dieses Lied lässt sich mit Gesten begleiten. Bei jeder Wiederholung der Strophe spart man ein Wort aus und stellt es durch eine Geste dar.

Tres petaso sunt meo,
ut vides, anguli.
Nil pulchrius est eo.
Gratissimus est mi.

C a n t i u n c u l a   r a p

Petasulo meo tres anguli. Ei
si quattuor essent, amiculi mei,
petasulus ergo si esset quadratus,
non meus petasulus esset amatus.

petas(ul)us – Hut/Hütchen; angulus – Ecke;
gratus – beliebt, erwünscht;
amiculus (Dem. von amicus) – Freund

Mit den Händen klapp klapp klapp

Die Kinder stehen sich in zwei Reihen paarweise gegenüber. Gruppe A befolgt die Anweisungen, die sie von Gruppe B singend bekommt: In die Hände klatschen, mit Daumen und Zeigefinger schnipsen, mit der Zunge schnalzen, laut "hatchi" rufen, den Kopf schütteln und nicken, mit den Zähnen klappern – und immer wieder tanzen. Dann das Ganze umgekehrt.

Manibus fac clap clap clap.
Pedibus fac tap tap tap.
Quaeso te, quaeso te,
mea lux, salta cum me.

Crepa nunc, mi anime,
pollice et indice.
Tum cum me, tum cum me
Saltita, amabo te.

Lingua crepa clac clac clac.
Nicta oculis tic tac
Tum cum me, tum cum me
saltita, amabo te.

Ha-tchi-tchi fac naribus.
Clac-clac-clac fac dentibus.
Tum cum me, tum cum me
saltita, amabo te.

Caput quate, sic sic sic,
tum hoc nuta, nic, nic, nic.
Tum cum me, tum cum me
saltita, amabo te.

mea lux – hier: mein Schatz; saltare – tanzen; crepare – schnipsen; pollex, icis m – Daumen; index, icis m – Zeigefinger; lingua – Zunge; nictare – blinzeln; naris, is f – Nase; dens, dentis m – Zahn; caput, itis n – Kopf; quatere, quatio – schütteln; sic – so; hoc = capite; nutare – nicken; salt(it)are – tanzen

Sur le pont d'Avignon (+ Wortfeld: Berufe)

Beim Refrain bewegen sich die Kinder zum Tanz und versuchen bei den einzelnen Strophen die jeweiligen (typischen) Hand-, Fuß-, Kopf-, Körperbewegungen der jungen Herren, der jungen Dämchen, der Schafhirten usw. sowie die der unten angeführten Tiere pantomimisch und lautlich nachzuahmen.

Saltitant, iubilant
liberi, qui sunt in ponte.
Saltitant, iubilant,
cantitant, choreas dant.

oder:
Hilaro
animo
salto tecum, saltas mecum
hic in veterrimo
ponte Avenionico.
Sic dominelli faciunt,
semel, bis, ter faciunt.
Hilaro ...

chorea/chorus – Reigentanz; veterrimus – sehr alt; Avenio – Avignon; hilaris, hilarus – fröhlich; dominulus – junger Herr; semel – ein mal; bis – zwei mal; ter – drei mal

Sic dominellae faciunt ...
Sic opiliones faciunt ...
Sic venatores faciunt ...
Sic molitores faciunt ...
Sic piscatores faciunt ...
Sic muratores faciunt ...
Sartores ita faciunt ...
Tonsores ita faciunt ...
Pictores ita faciunt ...
Messores ita faciunt ...
Scriptores ita faciunt ...
Tenistae ita faciunt ...
Pianistae ita faciunt ...
Dentistae ita faciunt ...
Magistri ita faciunt ...
Colonae ita faciunt ...

dominella – Dämchen; opilio, onis m – Schafshirte; venator, oris m – Jäger; molitor, oris m – Müller; sartor, oris m – Schneider; tonsor, oris m – Haarschneider; pictor, oris m – Maler; messor, oris m – Mäher; colona – Bäuerin

Gallinae ita faciunt ... *(gackern)*
Leones ita faciunt ... *(brüllen)*
Gorillae ita faciunt ... *(mit den Händen auf die Brust trommeln)*
Serpentes ita faciunt ... *(zischen, kriechen, schlängeln)*
Cornices ita faciunt ... *(Krähen: krächzen)*
Cuculi ita faciunt ... *(„Kuckuck" rufen)*
Elephanti ita faciunt ... *(trompeten)*
Crocodili ita faciunt ... *(mit dem Maul zuschnappen)*

Cantiuncula rap

||: Gaudemus, cantamus, in ponte saltamus.
Hilariter inter nos chorulos damus :||
Quid faciunt homines, culti qui sunt?
Sic faciunt homines, culti qui sunt.

cultus – fein, gebildet

Dominuli culti ut faciunt hi?
Sic faciunt, faciunt, credite mi.

Dominulae cultae ut faciunt hae?
Sic faciunt, faciunt dominulae.

Et opiliones ut faciunt hi?
Sic faciunt, faciunt, credite mi.

Parvi venatores, ut faciunt hi?
Sic faciunt, faciunt, credite mi.

Parvi muratores ut faciunt hi?
Sic faciunt, faciunt, credite mi.

Parvi cantatores ut faciunt hi?
Sic faciunt, faciunt, credite mi.

Etc.

Wortschatzlieder

B e r u f e

Wer will fleißige Handwerker seh`n

Die Schüler singen in kleinen Gruppen. Sie machen dabei die für den jeweiligen Beruf typischen (Hand-)Bewegungen.

Nos aspicite m e d i c o s
d e n t i u m sedulissimos.
Dentes extrahimus
cariosos nos radicitus.

dentium medicus – Zahnarzt

extrahere, extraho – ausreißen, hier: ziehen
cariosus – faul; radicitus – (Adv.) mit der Wurzel

Nos spectate f u r n a r i o s
viros sedulissimos,
panes et varia
qui facimus bellaria.

furnarius– Bäcker
sedulus – fleißig

bellaria, orum n – Gebäck

Nos spectate v e s t i f i c o s
viros sedulissimos.
Nemus et suimus
digitulis agilibus.

vestificus – Schneider

nere, neo – stricken; suere, suo – nähen
digitu(lu)s – Finger(chen); agilis, e – flink, gewandt

Nos spectate m a c e l l a r i o s
viros sedulissimos.
Facimus, facimus
farcimina e suibus.

macellarius – Metzger

farcimen, inis n – Wurst; sus, suis m + f – Schwein

Nos spectate s i p h o n a r i o s
viros sedulissimos.
Longis siphonibus
incendia exstinguimus.

siphonarius – Feuerwehrmann

sipho, onis m – Feuerspritze
incendium – Brand; exstinguere, exstinguo – löschen

Nos spectate c a e m e n t a r i o s
viros sedulissimos.
Domos exstruimus
e saxis et lapidibus.

Nos aspicite r u s t i c o s
vere sedulissimos.
Pabula metimus
iam prima luce falcibus.

caementarius – Maurer; exstruere, exstruo – bauen; lapis, idis m – Stein; pabulum – Futter; metere, meto – mähen; falx, falcis f – Sense

Nos spectate r u s t i c u l a s
feminas navissimas.
Semina manibus
et machinis nos spargimus

rustica – Bäuerin
navus – fleißig
semen, inis n – Samen(korn)
spargere, spargo – ausstreuen

Nos spectate v e n e f i c o s
periculosissimos.
Omnes mutamus vos
in anseres et asinos!
(Gänsegeschnatter und Eselsgeschrei)

veneficus – Hexer, Zauberer
periculosus – gefährlich
mutare – verzaubern
anser, eris m – Gans; asinus – Esel

Nos spectate s y m p h o n i a c o s
viros musicissimos.
Canimus, canimus
viola, tuba, fidibus.

symphoníacus – Musiker
musicus – musikalisch
vióla – Geige; tuba – Trompete; fides, is f – Laute

Nos spectate v e n a n t e s , qui
sumus sedulissimi.
Ha-la-li! Bestias
venamur ferocissimas.

venantes, ium m – Jäger
venari – jagen; ferox, ocis – wild

C o q u u l o s nos spectate, qui
sumus sedulissimi.
Coquimus iuscula,
sapore iucundissima.

coquus – Koch
iusculum – Süppchen
sapor, oris m – Geschmack

Nos spectate e f f r a c t a r i o s
viros sedulissimos.
Frangimus armaria
armata argentaria.

effractarius – Einbrecher
frangere, frango – aufbrechen; armarium – Schrank; armatus – armiert, gepanzert

effractarius – Safeknacker
effringere, effringo – aufbrechen
armarium argentarium – Geldschrank

Nos spectate f e n e s t r a r i o s
f a b r o s sedulissimos.
Vitra inserimus
domorum parietibus.

(faber) fenestrarius – Glaser
vitrum – Glas; inserere, insero – einfügen
domorum = domuum; paries, etis m – Wand

K a r a t e k a s spectate nos
viros validissimos.
Pugnis et pedibus
adversos nobis vincimus.

Sumus boni p i l u l a r i i,
malula sublime qui
iacimus, iacimus.
Quae capiuntur manibus.

validus – stark; pugnus – Faust ; alci adversus – Gegner; pilularius – Jongleur; malulum – Äpfelchen; sublime – in die Höhe

P i s c a t o r e s spectate nos
vere probos, strenuos.
Hamo et vermibus
cottidie pisces capimus.

piscator, oris m – Fischer
probus / strenuus – tüchtig
hamus – Angel(haken) ; vermis, is m – Wurm
cottidie – täglich

Nos spectate t e n i s t a s, qui
pilulas trans rete vi
pellimus, pellimus
reticulo et manibus.

tenista, ae m – Tennisspieler
pila– Ball; vi (> vis f) mit Kraft
pellere, pello – schleudern
reticulum – Tennisschläger

Nos spectate s u t o r e s, qui
sumus sedulissimi.
Soccos, sandalia
reficimus et alia.

sutor, oris m – Schuhmacher

soccus– leichter Schuh; sandalium – Sandale
reficere, reficio – reparieren

Nos spectate t e c t o r e s, qui
sumus sedulissimi.
Calce illinimus
parietes antiquitus.

tector, oris m – Tüncher

calx, cis f – Kalk; calce illinere – kalken
paries, etis m – Wand ; antiquitus (Adv.) – von alters her

Melodie: Il était un petit navire (+ accusativus exclamationis)

Alle sitzen im Kreis. Ein Schüler (S) oder eine Schülerin (S') tritt aus dem Kreis heraus und jammert und bemitleidet sich selbst. Die Klasse (K) hat Verständnis für seine/ihre Situation und stimmt ihm/ihr singend bei.

S:
O r a t o r sum miserandissimus,
orator sum infelicissimus.
| |: Bonum sermonem numquam habui. :| |
Vae, vae mihi!

infelix, icis – unglücklich
sermo, onis m – Rede; sermonem habere – eine Rede halten

K:
Orator es miserandissimus,
orator es infelicissimus.
| |: O oratorem miserandum te:| |
Oh jemine!

Oh jemine! – Scherzbildung

S:
V i o l i n i s t a sum miserrimus,
Violinista sum miserrimus.
| |: Viola mea falso cecini :| |
Vae, vae mihi!

miser, era, erum – unglücklich
viola – Geige
canere, cano, cecini, cantatum – spielen

K:
| |: Violonista es miserrimus :| |
| |: O violinistam miserandum te :| |
Oh jemine!

S':
C a n t a t r i x sum miserandissima,
cantatrix sum infelicissima!
| |: Cantavi falso, vitiosissime :| |
Oh jemine!

K:
C a n t a t r i x es miserandissima,
cantatrix es infelicissima!
| |: O cantatricem miserandam te :| |
Oh jemine!

miserandus – bedauernswert; infelix, icis – unglücklich; vitiosus – fehlerhaft

F a r b e n

Grün, grün, grün sind alle meine Kleider

Virides sunt omnes meae vestes.
Cuncta mea sunt viridia.
Omnia viridia mi sunt grata,
quod venator amor meus est.

viridis, e – grün
venator – Jäger

Caerulae sunt omnes meae vestes.
Cuncta mea sunt caerulea.
Omnia caerulea mi grata,
quia amor meus nauta est.

caerul(e)us – blau
nauta, ae m – Seemann

Piceae sunt omnes meae vestes.
Cuncta, quae mi sunt, sunt picea.
Cuncta picea sunt mihi grata,
quod purgator amor meus est.

piceus – pechschwarz

Variae sunt omnes meae vestes.
Cuncta, quae mi sunt, sunt varia.
Cuncta varia sunt mihi grata,
quia pictor amor meus est.

Candidae sunt omnes meae vestes.
Cuncta, quae mi sunt, sunt candida.
Cuncta candida sunt mihi grata,
quia amor meus pistor est.

candidus – (schnee)weiß; pistor, oris m – Bäcker, Müller; piceus – pechschwarz; purgator (fumariorum) – Kaminfeger; varius – bunt; pictor, oris m – Maler

Geschäfte / Lokale (+ Gerundivum)

Melodie: Wozu ist die Straße da? Zum Marschieren

- Cur tabernam intras Macdonaldensem?
- Ad edendum Maccum Maximum (*Very Big Mac*).

ad sumendum hammaburgulum / ad edendum pulliburgulum (*Chickenburger*) / ad edendum pisciburgulum (*Fischburger*) / ad bibendam Coca-Colulam / ad edenda frusta bubulae (*Steaks*)

- Curnam quaeso petis (*ansteuern*) supermercatum?
- Ad emenda acetaria (*-orum n: Salat*).

ad emendam cerevisiam (*Bier*) / ad emendum vinum roseum / ad emendam cremam gélidam (*Eiscrem*) / ad emendos Iglu digitos (*Fischstäbchen*) / ad emendam carnem bubulam (*Rindfleisch*) / ad emenda dulciaria (*Süßigkeiten*) / ad emendos ursos Haribo (*Gummibärchen*) / ad emendum tubum ketsupi (*Ketchup*)

- Quanam intras re in bibliothecam?
- Ad legendos libros medicos.

- Quanam appetis de causa vivarium (*Zoo*)?
- Ad spectandas feras bestias (*wilde Tiere*).

ad videndos hippopotamos (*Nilpferde*) / ad videndos bellos tigrides / ad spectandas simias (*Affen*) hilares (*lustig*) / ad spectandos leopardulos / ad spectandas phocas (*Robben*) hilaras

- Quanam appetis de causa theatrum?
- Ad spectandas bellas fabulas (*Schauspiele*).

- Cur in aromatopolium (*Drogerie*) intras?
- Ad emendum lac solarium (*Sonnenmilch*)

ad emendum dentifricium (*Zahnpasta*)

- Qua de re in argentariam (*Bank*) intras?
- Ad frangendam (*sprengen*) arcam ferream (*Tresor*).

- Cur vinarium intras in tabernam (*Weinstube*)?
- Ad bibendum vinum róseum / ad gustanda bona vinula.

- Cur tabernam scriblitariam (*Pizzeria*) intras?
- Ad edendam pizzam rusticam (*bäuerlich*) / ad edendum ius collyricum (*Nudelsuppe*) /

ad edendam cremam gelidam (*Eiscreme*) / ad edendos cibos varios / ad edenda acetaria (*Salat*) / ad visendam bellam famulam (*Bedienung*)

- Cur tabernam (h)olitoriam (*Gemüseladen*) intras?
- Ad emenda lycopersica (*Tomaten*)

ad emendum caulem floridum (*Blumenkohl*) / ad emendos duos raphanos (*Rettich*) / ad emendam bonam brassicam (*Kohl*) / ad emendas betas rubidas (*rote Bete*)

- Qua gemmariam re intras tabernam (*Juwelierladen*)?
- Ad emendum tibi anulum (*Ring*) / ad emendum torquem (*Halskette*) aureum

Körperteile

Alouette

Bei diesem Kettenlied laufen die Kinder abwechselnd im Uhrzeigersinn und entgegen dem Uhrzeigersinn im Kreis und singen dabei. Während des Singens berühren sie (mit dem rechten Finger) ihren Kopf, ihren Fuß, ihr Knie usw.

Alaudella,	alauda, ae f – Lerche
bona avicella,	avicula/avicella – Vögelchen
mecum lude bellum ludulum:	ludu(lu)s – Spiel(chen)
Caput tuum digito	digitus – Finger
tuo tange dextero,	dexter, (e)ra, (e)rum – rechts befindlich
digito dextero,	
dextero digito,	
Alaudella.	
Alaudella ...	
Pedem tuum ...	pes, pedis m – Fuß
Genu tuum ...	genu, us n – Knie
Talum tuum ...	talus – Fußknöchel
Aurem tuam ...	auris, is f – Ohr
Collum tuum ...	collum – Hals
Bracchium tuum ...	bracchium – Arm
Crura tua ...	crus, cruris n – Schenkel

Genam tuam ...	gena – Wange
Comam tuam ...	coma – Haar
Nasum tuum ...	
Mentum tuum ...	mentum – Kinn
Buccam tuam ...	bucca – Backe
Oc(u)los tuos ...	
Frontem tuam ...	frons, frontis f – Stirn

Cantiuncula rap

Fac ludas, alauda, hunc ludum cum me,
qui ludo, alauda, hunc ludum cum te.

Capitulum tuum demonstra mihi
digitulo tuo , o anime mi!

... Fac nasulum tuum demonstres mihi ...
... Fac bucculam tuam demonstres mihi ...
... Fac oculos tuos demonstres mihi ...
... Fac collulum tuum demonstres mihi ...
... Auriculam tuam demonstra mihi ...

alauda – Lerche; hilarus – lustig; dexter, (e)ra, (e)rum – rechts (befindlich); digitus – Finger; oculus – Auge; ludus – Spiel; capitulum – Köpfchen; digitulus – Fingerchen; auricula – Öhrchen

Geschenke

Morgen kommt der Weihnachtsmann

Cras vir natalicius	vir natalicius – Weihnachtsmann
donos apportabit:	
Cithara, birotula,	birot(ul)a – (kleines) Fahrrad
bella tuba, tibia,	tuba – Trompete; tibia – Flöte
tabula fluctivaga	tabula fluctivaga – Surfbrett
vir nos delectabit.	delectare – erfreuen

➢ Dasselbe im Plural:

Citharis, birotulis,
bellis tubis, tibiis ...

Cras vir natalicius	
donos apportabit:	
Bella autobirota,	autobírota – Motorrad,
machina tractoria,	máchina tractoria – Traktor
machina aquivoma	machina aquivoma – Wasserpistole
vir nos delectabit.	

➢ Dasselbe im Plural:
Bellis autobirotis,
máchinis tractoriis ...

Cras vir natalicius
donos apportabit:
Bello horologio,
bello torque aureo,
tramine lusorio
vir nos delectabit.

➢ Dasselbe im Plural:
Bellis horologiis
torquibusque aureis ...

Cras vir natalicius
donis nos beabit:
Bellum “superfrigidum”
Nokia telephonulum,
baculum gaudiferum
nobis apportabit.

➢ Dasselbe im Plural:
Bella “superfrigida”,
Nokia telephonula ...

horologium – Uhr; torquis, is m + f – Halskette; tramen, inis n – Eisenbahn; „superfrigidus“ – (scherzhaft) supercool; baculum gaudiferum – Joystick

Lebensmittel

Ein Hund schlich in die Küche

L:
Culinam canis adit
et clepit ovulum.
Quem coquus fusti quatit
et necat miserum.
Amici corpus canis
sepulcro inferunt,
in quo sepulcro verba
illa inscripta sunt:
K:
“Culinam canis ...”

culina – Küche; canis, is m – Hund; adire, adeo – betreten; clepere, clepo – klauen; ov(ul)um – Ei(chen); fustis, is m – Knüppel; quatere, quatio – zerschmettern; sepulcrum – Grab; inferre, infero – hineinlegen

... et edit caseum	edere, edo – essen, fressen; cáseus – Käse
... et edit copadium	copadium – Schnitzel
... et clepit ketsupum	kétsupum– Ketchup
... et clepit asparagum	asparagus – Spargel
... et clepit laganum	láganum – Ölteigkuchen
... et clepit botulum	botulus – Wurst
... et sumit assulum	sumere, sumo – verspeisen; assum – Braten
... et vorat crustulum	vorare – verschlingen; crustulum – Keks
... et clepit citreum	cítreum – Zitrone
... et clepit persicum	pérsicum – Pfirsich
... et clepit raphanum	ráphanus – Rettich

Culinam canis adit	canis, is f – Hündin
et clepit bubulam .	(caro, carnis f) bubula– Rindfleisch
Quam coquus fusti quatit	
et necat miseram ...	

... et clepit cinaram	cínara – Artischocke
... et clepit brassicam	brassica– Kohl
... et clepit caepulam	c(a)epa – Zwiebel
... et clepit cucurbitam	cucurbita – Kürbis
... et clepit spirulam	spira – Brezel

Melodie: Marmor, Stein und Eisen bricht

Sunt in cella cibaria, dam, dam, dam, dam,	cella cibaria – Speisekammer
multa bona escaria, dam, dam, dam, dam:	escaria, orum n – Essbares, Speisen
lac, butyrum, ketsupum,	ketsupum – Ketchup
margarinum, saccharum,	saccharum – Zucker
botuli, farcimina:	botulus – Wurst; farcimen, inis n –
fere omnia.	Wurst; fere – (Adv.) fast

Musikinstrumente

Die Kinder imitieren typische Gesten eines Gitarren-, Flöten-, Klavierspielers etc. sowie die Klänge des jeweiligen Instruments.

Melodie: Ich bin ein Musikante

Sum longe optimus
cunctorum musicus.
Sumus longe optimi
cunctorum musici.

Canere scio cithara mea.
Canere scimus cithara nostra.
|: String-i-ling-ling-ling :| 6x

- ... tibia mea / floeti-loet-loet-loet
- ... tubula mea / tae-tae-rae-tae-tae
- ... mea viola / sim-se-rim-sim-sim
- ... pectine meo / su-su-su-su-su
- ... organo meo / climperim-pim-pim
- ... clavicymbalo meo / climperim-bim-bim
- ... tibia clarisona / tü-hü-tü-hü-tü
- Scio pulsare tympanum meum / trommulum-bum-bum

cithara – Gitarre; tibia – Flöte, Pfeife; tuba – Trompete; viola – Viola, Bratsche; organum – Orgel; clavicymbalum – Cembalo; tibia clarisona – Klarinette; tympanum – Trommel; tympanum pulsare – trommeln

Tiere und ihre Laute

Old Mac Donald Had A Farm

Macdonaldo rustico fundulus est, quo
gallinae sunt in fundulo, e u, euoe, io! ...
Hac cacillant hic, hae cacillant hac,
hic et hac, hic et hac, usquequaque, hic, hac.
Macdonaldo rustico fundus est – io!

fundus – Landgut, Farm
gallina – Huhn
caclllare – gackern

Sunt anseres in fundulo – Illi clangunt hic ...
Sunt anates in fundulo – Hae tetrinniunt hic ...
Sunt asini in fundulo – Illi rudunt hic ...
Et equi sunt in fundulo – Illi hinniunt hic ...
Et boves sunt in fundulo – Illae mugiunt hic ...
Et porci sunt in fundulo – Illi grunniunt hic ...
Et caprae sunt in fundulo – Illae mutiunt hic ...
Et feles sunt in fundulo – Illae fremunt hic ...
Et oves sunt in fundulo – Illae balant hic ...
Et canes sunt in fundulo – Illi latrant hic ...

anser, eris m – Gans; clángere, clango – schnattern; anas, atis f – Ente; tetrinnire – schnattern; asinus – Esel; rudere, rudo – brüllen; hinnire – wiehern; grunnire – grunzen; capra – Ziege; mutire – meckern; felis, is f – Katze; fremere, fremo – schnurren; ovis, is f – Schaf; balare – blöken; latrare – bellen

Cantiuncula rap (+ Partizip Präsens)

**Donaldus, qui plurimas bestias habebat,
cum bestiis illis in fundo vivebat.
Habebat haud paucos porcellos grunnientes
hic hac, usquequaque "oinc oinc" facientes,
porcellos grundientes, grundientes, grundientes,
porcellos grundientes „oinc oinc" facientes. ...**

||: Habebat et plurimas **f e l e s** stridentes
hic hac, usquequaque "miau" facientes. :||

||: Habebat et plurimas **c a p r a s** mutientes,
hic hac, usquequaque "mae mae" facientes. :||

||: Habebat et vocibus claris clangentes
a n s e r c u l o s strepitum magnum facientes. :||

||: Habebat et **a n a t e s** tetrinnientes
hic hac, usquequaque cuac cuac facientes. :||

||: Et **a s i n o s** avus habebat rudentes
hic hac, usquequaque iii – aaa facientes. :||

||: Et **e q u u l o s** avus habebat hinnientes
hic hac, usquequaque ijjjjiii facientes. :||

||: Habebat vir bonus et **o v e s** balantes
hic hac, usquequaque bae bae clamitantes. :||

||: Habebat vir bonus et **c a n e s** latrantes
hic hac, usquequaque bau vau clamitantes. :||

||: Habebat et plurimas **b o v e s** mugientes,
hic hac, usquequaque "mu mu" facientes. :||

Z a h l e n 1 – 1 0

Zehn kleine Negerlein

Decem Nigrituli
in flumen incidunt.
Unus hauritur fluctibus.
Nunc horum novem sunt.
Unus, duo, tres, quattuor,
quinque Nigrituli,
sex septemque, octo, novem,
decem Nigrituli.

Nigrita, ae m – Neger
incidere, incido – hineinfallen
fluctibus hauriri – ertrinken

Novem Nigrituli
Nilum traiciunt.
Sed crocodilus advenit.
Nunc horum octo sunt.
Unus, duo, tres, quattuor ...

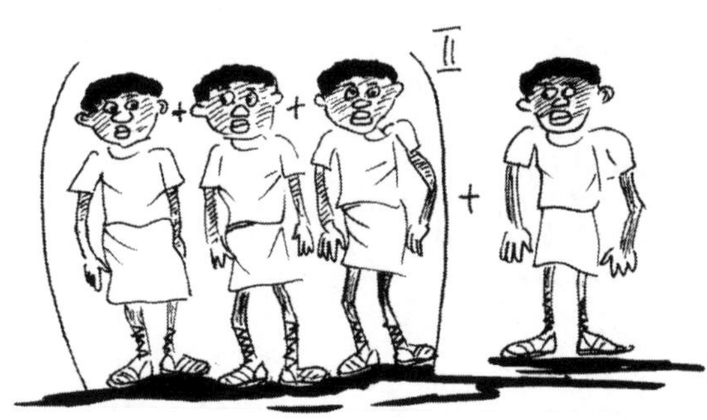

traicere, traicio – hinüberfahren

Octo Nigrituli
sub palma dormiunt.
Nux coci gravis decidit.
Nunc horum septem sunt.
Unus, duo, tres, quattuor...

nux coci – Kokusnuss; decidere, decido – herunterfallen

Septem Nigrituli
in magam incidunt.
Quae unum horum comedit.
Eorum sex nunc sunt.
Unus, duo, tres, quattuor ...

maga – Hexe

Sex Nigrituli
canem alliciunt.
Qui canis valde esurit.
Nunc horum quinque sunt.
Unus, duo, tres, quattuor ...

allicere, allicio – anlocken
esurire – Hunger haben

Quinque Nigrituli
boletos comedunt
unusque edit noxium.
Nunc horum quattuor sunt.
Unus, duo, tres, quattuor ...

boletus – Pilz
noxius – giftig

Quattuor Nigrituli
piscatum comedunt.
Spina unius faucibus
inhaeret. Tres nunc sunt.
Unus, duo, tres, quattuor ...

piscatus, us m – Fisch (als Essen)
spina – Gräte; fauces, ium f – Kehle
inhaerere, inhaereo – steckenbleiben

Tres Nigrituli
butyrum comedunt.
Cor infarcitur unius.
Nunc horum duo sunt.
Unus, duo, tres, quattuor ...

butýrum – Butter
infarcire – hineinstopfen (cf. Infarkt)

Duo Nigrituli
pira surripiunt.
De piro unus decidit.
Nunc noniam duo sunt.

pirum – Birne
pirus, i f – Birnbaum

Ultimus Nigritulus
defunctos ingemit
et hos in coemeterio
centrali seppelit.)

defunctus – verstorben, tot; ingemere, ingemo – beseufzen; coemeterium – Friedhof
seppelire – begraben

Unus Nigritulus
nunc solus est. Qua re
In Africam redire vult
quam properissime.

properus – eilig, schleunig

Unus Nigritulus
in mare cadit – plum!
Sed orca venit, videt,
vincit parvum miserum.

Grammatiklieder

Ablativus absolutus

Melodie: Clap Your Hands

Etwas variatio im Unterricht delectat!

Genua flectamus!
Flexis genibus
brachia moveamus!

genu, us n – Knie; flectere, flecto, flexi, flexum – beugen

Motis brachiis
cubita tangamus.

cubitum – Ellbogen

Tactis cubitis
capita quatiamus.

quatere, quatio, quassum – schütteln

Quasso capite
pedes supplodamus.

pedem plaudere, supplodere – aufstampfen

Plausis pedibus
oculos teramus.

terere, tero, trivi, tritum – reiben

Tritis oculis
capillos pectamus.

pectere, pecto, pexi, pexum – kämmen

Pexis capillis
dexteras iungamus.

dexteras (con)iungere – sich die Hände geben

Iunctis dexteris
ludum finiamus!

Ich geh mit meiner Laterne

Lucente mea lanterna
per viculum deambulo,
splendente Lunae lucerna
in caelo nubilo.
Diluculo cum redeo,
ra-bimbulum, bambulum, bum,
iam gallus canit ci-cri-co,
ra-bimbulum, bambulum, bum.

lucere, luceo, luxi – leuchten; vicus – Dorf; deambulare – spazieren gehen; splendere, splendeo – glänzen; lucerna – Leuchte; nubilus – wolkig, bewölkt; diluculum – Morgendämmerung

Melodie: Frère Jacques

Resonantibus campanis
propere
surge e
lectulo, cantante
gallo delirante,
quaeso te,
quaeso te.

resonare – ertönen, klingen
propere – (Adv.) schleunig

lectulus – Bett; cantare – hier: krähen
delirare – verrückt sein

Sprechgesang: Carmen amatorium

Imbre vicum inundante,
vento flante magna vi,
tonitru vi intonante
curnam fles, ocelle mi?
Amor deo adiuvante
aere est perennior,
amor deo prosperante
non morietur, meum cor!

imber, bris m – Regen; vicus – Dorf; inundare – überschwemmen
tonitrus, us m – Donner(schlag)

aes, aeris n – Erz; perennis, e – beständig
prosperare – Glück bringen

A c I

Come, Follow Me

Me sequi, sequi, sequi, sequi,
sequi, sequi volo te.
Quonam tete sequi, sequi, sequi,
quonam tete sequi velis me?

Mi muscelle, me in silvam
caecam sequi volo te.
(Me ad quercum , me ad quercum
secuturum (-am) spero te.)

muscellus – Mäuschen (Kosewort)
caecus – dunkel, finster
quercus, us f – Eiche

Melodie: Frère Jacques

Scimus, Iácobe, te esse
monachum, calidum
scimus te amare,
nimis exoptare
lectulum plumeum.

Te campanas pulsaturum
ducor spe. Spero te
lectum relicturum,
templum petiturum
propere, propere.

Ducor spe pulsatum
aedium turrium
sacrarum campanas,
sacrarum campanas:
Bim bam bum, bim bam bum.

mónachus – Mönch; calidus – warm; plumeus – Feder-; campana – Glocke; pulsare – hier: läuten; spe duci – Hoffnung hegen; propere – (Adv.) schnell; aedes, is f (sacra)– Tempel, Kirche

Carmen amatorium

Infinitiva:
Scio te me perdite amare,
anime mi.
Non ignoro te me suspirare.
Nube mihi!
Scis et me te semper somniasse,
semper me amasse scio te,
scis me solam te desiderasse.
Fac uxorem tuam ducas me.

perdite – wahnsinnig
mi anime – mein Herz
suspirare – ersehnen
nubere, nubeo, nupsi, nuptum (+Dat.) – heiraten; somniasse = somniavisse
amasse – amavisse

uxorem ducere – heiraten

Accusativus:
Scis me te, mi anime, amare
phrenetice.
Non ignoras me te suspirare.
Duc nuptum me.

phreneticus – wahnsinnig

Scio te me semper somniasse,
semper me amasse puto te,
scio te me solum suspirasse.
Amor, nube mi, amabo te.

somniare – träumen (von)

amor – Liebling

Fächerübergreifend:
Die Schüler unterlegen im Musikunterricht obigen lateinischen Text der folgenden Melodie und singen das Lied – nach Möglichkeit mit Instrumentalbegleitung (Klavier, Gitarre, Geige).
Im Idealfall soll eine eigene Melodie dazu komponiert werden.

Carmen amatorium

Genug gesungen! Jetzt wird es ernst!

Beispiel:
Columbus Americam invenit.

- Scimus Columbum Americam invenisse.
- Scimus Americam a Columbo inventam esse.

Brutus Caesarem necavit.

- Omnibus notum est ...

Cicero multos libros scripsit.

- Non ignoramus ...

Nero Romam incendit.

- Audivi ...

incendere, incendo, cendi, censum – in Brand setzen

Spartacus Romanos vicit.

- Non sciebam ...

Socrates poculum ebibit.

- Opinamur ...

poculum – Giftbecher; ebibere, ebibo, ebibi – austrinken; opinari – annehmen

Lupa Romulum et Remum mammavit. — mammare – säugen

- Dicunt ...

Hercules nagna facinora perfecit. — facinus, oris n – Heldentat

- Constat ...

Wirklich genug gesungen! Jetzt wird es noch ernster!

Beispiel:
casa / renovari

- Spero casam renovatum iri.

templa / deici

- Spero templa deiectum iri. — deicere, deicio, ieci, iectum – abreißen

libri Catonis / legi
carmina / Latine reddi
multae bellae cantiunculae / a Meadomina cantari
Carolus princeps / mox rex Britanniae coronari
Rubrimitella et avia / a venatore mox liberari
Lupus improbus / puniri (poena gravi affici)
garruli / ad silentium compelli — garrulus – Schwätzer

Futur 1

Fuchs, du hast die Gans gestohlen

Vulpes, nisi reportabis
amatissimum
anserem meum,
II: veniet venator, qui
sclopeto faciet „bum" :II — sclopetum – Gewehr

She'll Be Coming Round The Mountains

II: Circum montes ibit conventura me :II
II: Circum montes ibit illa :II
Circum montes ibit conventura me.

Invehetur curru ...
Equos albos aget ...
Veniet obviam mi ...
Basium dabit mihi ...
"Te suspiro" dicet ...
Petet balneum ...
Os lavabit suum ... — os, oris n – hier: Gesicht
Quae fucabit labra ... — fucare – schminken

Commutabit vestem ...
Celebrabit festum ...
Hammaburgos edet ...
Vinum bonum bibet ...
In conclavi dormiet ...

vestem commutare – Kleider wechseln

conclave, is n – Zimmer

Futurum periphrasticum

In dem Wald, da steht ein Haus

Prospicit capreolus
per fenestram. Anxius
lepuscellus advolat.
Clamat, clamitat:
Iuva moriturum me,
vita excessurum, te
obsecro. Venator me
necaturus est.

capreolus – Reh(bock)
anxius – ängstlich
lepusculus, lepuscellus – Häschen

obsecrare – inständig bitten

Prospicit capreolus
per fenestram. Anxius
lepuscellus advolat.
Clamat, clamitat:
Ades morituro mi,
vita excessuro mi
opem fer. Venator me
occisurus est.

adesse, adsum alci – helfen

ops, opis f – Hilfe

Prospicit capreolus
per fenestram. Anxius
lepuscellus advolat.
Clamat, clamitat:
Timeo insolite
telum necaturi me
venatoris. Qua de re
aditum da mi.

insolite – sehr
telum – Geschoß

Prospicit capreolus
per fenestram. Anxius
lepuscellus advolat.
Clamat, clamitat:
Tela sonatura "bum"
timeo venantium
me necaturorum. O
mihi misero!

venantes, ium m – Jäger

Gerundium / Gerundivum

Das Wandern ist des Müllers Lust

Iter faciendi cupidus,
migrandi cupidissimus
est pistor.
Qui faciendorum cupidus
itinerum panificus
non est,
est pistor pessimus,
pessissimus!

pistor, oris m – Müller, Bäcker

panificus < panem facere

pessissimus – doppelter Superlativ (Scherzbildung)

Come balli bene, bella bimba

Quam perita es artis saltitandi,
quam es gnara choros dandi,
Quam perita es choreas dandi,
mea bella parvula.

Es perita artis chorearum
ducendarum, ducendarum.
Es perita artis chorearum
ducendarum, parvula.

Versatissima es in chorea
mecum danda, parva mea.
Versatissima es in chorea
mecum danda, parvula.

Summum gaudium capis e chorea
mecum danda, bella mea,
Summum gaudium capis e chorea
danda, mea parvula.

Ad choreas dandas tu es nata,
mea bella Desirata,
omni tempore quod es parata
ad saltandum, mea lux.

A choreis dandis, Dulcinella,
non abhorres, mea bella.
A choreis dandis, Dulcinella,
non abhorres, mea lux.

Cantiuncula rap

Choreas das bene, avicula mea.
Choreas das bene, dulcicula mea.
Choreas das bene, mi dulcis muscelle.
Choreas das bene, o mi animelle.

peritus/gnarus – erfahren; ars saltandi – Tanzkunst; chorea – Reigentanz; chorus – Chortanz, Reigen; parvula – Kleine; omni tempore – jederzeit; mea lux – „mein Licht" (Kosewort)

Frère Jacques

Tibi, Iácobe, surgendumst.
Agedum! Agedum!
Campanae pulsandae,
campanae pulsandae,
bim bam bum , bim bam bum.

Tibi, Iacobe, surgendumst.
Agedum! Agedum!
Tempus campanarum
nunc est pulsandarum,
bim bam bum, bim bam bum.

surgere, surgo – aufstehen; campana – Glocke

Melodie: Summ, summ, summ

S:
Sum, sum, sum
rex panificum.
Panium et paniculorum
sum peritus faciendorum.
Sum, sum, sum
rex panificum.

panifex, icis m – Brotmacher = Bäcker
paniculus – Brötchen

S':
Vestium
ostentatrix sum.
In monstrandis, ostendendis
sum versata vestimentis.
Vestium
ostentatrix sum.

vestium ostentatrix – „Kleiderzeigerin", Model

versatus – geübt, bewandert

S:
Sum, sum, sum,
sum rex pugilum.
Habilis sum ad mulcandos
adversarios miserandos…
Sum, sum, sum,
sum rex pugilum.

pugil, is m – Boxer; habilis – geschickt;
mulcare – verprügeln; adversarius – Gegner;

S:
Sum, sum, sum
doctor dentium.
Haud ignarus implendorum
dentium sum cariosorum.
(Peritissimus sum dentium
sanandorum putescentium)
Sum, sum, sum
doctor dentium.

implere, impleo – hier: plombieren
putescere, putesco – faulen

Wasser ist zum Waschen da

Aqua est idonea
ad lavanda corpora,
ad purgandos dentes
allium olentes.
Aqua volatilibus
bestiis, vigilibus
opus. Liquidum
hoc utilissimum.;

Aqua ad incendia
exstinguenda optima.
Qua oviparis
et opus bestiis.

idoneus – geeignet; allium – Knoblauch; olere, oleo – riechen nach; volatilis, e – Flug-; liquidum – Flüssigkeit; incendium – Brand; exstinguere, exstinguo – löschen; ovíparus – Eier legend

Indikativ Imperfekt

Old Mac Donald

Avulo agricolae
erat praedium.
In hoc edebant bestiae

avus – Großvater; agricola – Bauer
praedium – Bauernhof

magnum strepitum:
Mugiebant et
hinniebant et
cuac cuac dicebant et
laete grunniebant.
Avulo agricolae
erat praedium.

strepitum edere, edo – Lärm machen
mugire – brüllen (von Rindern)
hinnire – wiehern
grunnire – grunzen

In hoc edebant bestiae
magnum strepitum:
Quae latrabant et
crocitabant et
hi-ha clamabant et
laete cacillabant.
Avulo agricolae
erat praedium.

latrare – bellen
crocitare (> crocire) – krächzen
cacillare – gackern

Indikativ Plusquamperfekt

Il était un petit navire

Parvula navis erat olim,
parvula navis erat olim,
quae numquam umquam vela fecerat,
quae numquam umquam vela fecerat,
ra-ta-ta-tat.

vela facere – in See stechen

Melodie: Il était un petit navire (+ Wortfeld: Berufe)

Parvulus coquus erat olim,
parvulus coquus erat olim,
qui numquam umquam libum coxerat,
qui numquam umquam libum coxerat,
ra-ta-ta-tat.

coquus – Koch
libum – Kuchen; coquere, coquo – backen

Parvulus pictor erat olim,
parvulus pictor erat olim,
qui numquam umquam opus pinxerat,
qui numquam umquam opus pinxerat,
ra-ta-ta-tat.

pictor, oris m – Maler
pingere, pingo – malen

Parvulus scriptor erat olim,
parvulus scriptor erat olim,
qui numquam umquam librum scripserat,
qui numquam umquam librum scripserat,
ra-ta-ta-tat.

Parvus piscator erat olim,
parvus piscator erat olim,
qui numquam umquam piscem ceperat,
qui numquam umquam piscem ceperat,
ra-ta-ta-tat.

piscator, oris m – Fischer
piscis, is m – Fisch; capere, capio – fangen

Parvus venator erat olim,
parvus venator erat olim,
qui numquam feras agitaverat,
qui numquam feras agitaverat,
ra-ta-ta-tat.

venator, oris m – Jäger
ferae, arum f – Wild; agitare – jagen

Parvus cantator erat olim,
parvus cantator erat olim,
qui numquam publice cantaverat,
qui numquam publice cantaverat,
ra-ta-ta-tat.

publice – öffentlich

Parvus orator erat olim,
parvus orator erat olim,
qui numquam umquam verba fecerat,
qui numquam umquam verba fecerat,
ra-ta-ta-tat.

verba facere – eine Rede halten

Konjunktiv Imperfekt und Plusquamperfekt im Konditionalsatz

Ten Green Bottles (+ Zahlen von 1 – 10)

II: Decem flascae in muro saxeo :II
Si de hoc decideret una subito,
superessent novem – si bene cómputo.

flasca – Flasche; saxeus – aus Stein
decidere, decido – herunterfallen
superesse – übrig sein; computare – rechnen

... novem ... octo ...
... octo ... septem ...
... septem ... sex ...
... sex ... quinque ...
... quinque ... quattuor ...
... quattuor ... tres ...
... tres ... duae ...

II: Duae flascae in muro saxeo. :II
Si de hoc decideret una subito,
superesset una – si bene computo.

II: Una flasca in muro saxeo. :II
Si de hoc decideret et illa subito,
superesset nulla – si bene computo.

Canticum rap

In muro, en, decem stant flascae. Si harum
de eo decideret una flascarum,
non iam essent decem, quod ipsa re constat.
quam rem mathematica clare demonstrat,
quam rem mathematica clare demonstrat.

Wenn ich ein Vöglein wär

Si avis essem, si
alulae essent mi
viserem te.
II: Hoc effici autem :II
potest minime.

a(lu)la – Flügel(chen); visere, viso – besuchen; efficere, efficio – durchführen, zustande bringen;

Melodie: Wenn ich ein Vöglein wär

Puer:
Te libentissimo
viserem animo
cottidie,
si alas haberem.
His nisi carerem,
visitarem te.

libentissimo animo – sehr gerne

carere, careo – nicht haben, entbehren

Puella:
Me libentissimo
viseres animo
cottidie,
si alas haberes.
His nisi careres,
visitares me.

Puer:
Ferrem dulciola,
darem basiola
mille tibi,
si possem volare,
si possem volare,
cunicelle mi.

ferre, fero – bringen; dulciola, orum – Süßigkeiten; basiolum – Küsschen

cunicellus – Kaninchen (Kosewort)

Puella:
Ferres dulciola,
dares basiola
mille mihi,
si posses volare,
si posses volare,
cunicelle mi.

Si essem praeditus
pinnis pisciculus,
narem ad te.
Tete amplexarer
atque oscularer
fervidissime.

praeditus *ausgestattet*
pinna *Flosse*; pisciculus – Fischlein
na(ta)re – schwimmen
amplexari – umarmen
osculari – küssen
fervidus – leidenschaftlich

Alas non habui.
Si habuissem, vi
harum ad te,
ad te volavissem,
te certe visissem
quam celerrime.

mel, mellis n – Honig (Kosewort)

Certe visissem, si
alae crevissent mi,
lux mea, te.
Quas si habuissem
ad te volavissem
quam celerrime.

Cantiuncula rap

**Si essem avicula, viserem te.
Avicula autem non sum. Qua de re
te visere possum, eheu, minime.
Sed hoc intellegitur plane per se.**

Gallina, vae, non sum.
Si essem, ovulum
cottidie
parerem tibi,
gignerem tibi
libentissime.

ovum parere, pario – ein Ei legen
ovum gignere, gigno – ein Ei legen

Ist ein Mann in'n Brunnen g'fallen

Incidit in puteum vir.
Nisi advenissem,
nandi imperitum non
servare potuissem.

Incidit in puteum vir.
Nisi audivissem
nandi imperitum non
servare potuissem.

Incidit in puteum vir.
Nisi adstetissem,
nandi imperitum non
servare potuissem.

puteus – Brunnen; nare – schwimmen; adstare, a(d)sto – dabeistehen

Konjunktiv Präsens (coniunctivus hortativus / Konj. nach *fac*)

Clap your hands

	: Nostris manibus, liberi, plaudamus! :	
	: Nostris pedibus terram percutamus! :	
	: Saltatiunculam inter nos faciamus! :	
	: In birotulas nunc insiliamus! :	
	: Nostros calceos spurcos tergeamus! :	
	: Nostras facies aqua abluamus! :	
	: Et nunc, liberi, cubitum, eamus! :	

plaudere, plaudo – klatschen
percutere, percutio – hier: stampfen

birotula – Fahrrad
spurcus – schmutzig; tergere, tergeo – abwischen; abluere, abluo – (ab)waschen

- Vestris manibus, liberi, plaudatis!
- Vestris pedibus ...

||: Nostris digitis, liberi, crepemus! :||
||: Cantiunculam lepidam cantemus! :||

digitus – Finger; crepare – schnalzen
lepidus – nett

- Vestris digitis , liberi crepetis!
- Cantiunculam lepidam cantetis!

Ein Loch ist im Eimer

||: Est cavum in hama, Elisa, Elisa,
est cavum in hama, Elisa, in hama. :||

cavum – Loch; hama – Eimer

||: Fac cavum obtures, Henrice, Henrice,
fac cavum obtures, Henrice, obtures! :||

obturare – verstopfen

Ut, quaeso, hoc fiat ... ?
Stramento utaris ... !
Quod nimium longum ... !
Decide stramentum ... !
Ut, quaeso, hoc fiat ... ?
Securi utaris ... !
Securis obtusast ... !
Exacue eam ... !
Ut, quaeso, hoc fiat ...?
Fac cote utaris ... !
Cos nimium sicca ... !
Hanc fac madefacias ... !
Ut, quaeso, hoc fiat ... ?
Fit putei aqua ... !
Ut afferam aquam ... ?
Fac hama utaris ... !
Est cavum in hama ... !

stramentum – Stroh

decidere, decido – abschneiden, abhauen

securis, is f – Axt
obtusus – stumpf

Cantiuncula rap

In hama est cavum, cunicule mi.
Fac cavum obtures, rusticule mi!

Ut quaeso, hoc fiat, cunicule mi?
Stramento utaris, rusticule mi!

exacuere, exacuo, acui, acutum – schärfen; cos, cotis f – Wetzstein; siccus – trocken; madefacere, madefacio, feci, factum – nass machen; puteus – Brunnen; afferre, affero, attuli, allatum – holen; cuniculus – Kaninchen, hier: als Kosewort; rusticulus – Bäuerchen

Partizip Futur

Schluß mit dem Singsang! Cave lupum!

Lupus aviae flores portaturus suspiciosus est.
Dentes lupi aviae flores portaturi acutissimi sunt.
Diffideo lupo aviae flores portaturo.
Mitella Rubra novit lupum aviae flores portaturum.
De lupo aviae flores portaturo dubitandum est.

suspiciosus – verdächtig
acutus – scharf
diffidere – misstrauen
novisse – kennen

Und nun im Plural:
Lupi aviis flores portaturi suspiciosi sunt.
Dentes luporum ...
Diffideo lupis ...
Mitella Rubra novit lupos ...
De lupis ...

Partizip Perfekt

Cave c.c.c. (= cibos cito coctos)! Fast Food? Nein danke!

Cibi cito cocti non me iuvant.
Sapor ciborum cito coctorum saepe terribilis est.
Cibis cito coctis fidem non habeo.
Non amo cibos cito coctos.
Abhorreo a cibis cito coctis.

iuvare – erfreuen, förderlich sein
sapor, oris m – Geschmack
fidem habere (+Dativ) – trauen

abhorrere ab – verabscheuen

Und nun im Singular:
Cibus cito coctus ...
Sapor cibi cito cocti ...
Cibo ...
Non amo cibum ...
Abhorreo a cibo ...

Partizip Präsens

Io sono un uccello piccino

Sum avis. Me **volantem** spectate, spectate.
Sum avis. Me spectate, aspicite me.

- Sum piscis. Me natantem ...
- Sum lama. Me spuentem ...
- Sum serpens. Me repentem ...

piscis, is m – *Fisch*
spuere, spuo – spucken
repere, repo – kriechen

Sum gallus. Me canentem audite, audite.
Sum gallus. Me canentem audite. Euoe!

- Sum anser. Me clangentem ...
- Sum porcus. Me grunnientem ...
- Sum canis. Me latrantem ...
- Sum felis. Me frementem ...
- Sum capra me mutientem ...

canere – *hier*: krähen; anser, eris m – *Gans;*
clangere – schnattern; grunnire – grunzen;
latrare – bellen; fremere, fremo – hier: schnurren
Me ranam coaxantem audite, audite.
Me ranam coaxantem audite. Euoe!

- Me equum hinnientem ...
- Me pullum cacillantem ...
- Me corvum crocitantem

Me apem mel facientem spectate, spectate.
Me apem mel facientem spectate. Euoe!

capra, Ziege; mutire – meckern; rana – Frosch; coaxare – quaken; hinnire – wiehern; cacillare – gackern; corvus – Rabe; crocitare – krächzen; apis, is f – Biene; mel, mellis n – Honig; mutire – meckern

The Animals Went In Two By Two

Par magnam arcam appetit **vitantium**
diluvium horrendum elephantium.
Hae bestiae diluvium
evitant atrocissimum,
fluctibus ne submergantur indomitis.

par, paris n – Paar; vitare – zu entgehen suchen; elephas, antis m – Elefant

atrox, ocis – schrecklich
fluctibus submergi – ertränkt werden
indomitus – wild, ungebändigt

Par magnam arcam appetit vitantium
diluvium vesparum susurrantium ...

... diluvium cornicum crocitantium ...
... diluvium pullorum cacillantium ...

cornix, icis f – Krähe

Par magnam arcam appetit fugientium / timentium
diluvium serpentium repentium ...

... diluvium porcorum grunnientium ...
... diluvium equorum hinnientium ...
... diluvium vaccarum mugientium ...
... diluvium corvorum crocientium ...

oder:

Diluvium horrendum elephantibus
iam magna arca plena est **vitantibus**.
Hae bestiae diluvium
evitant atrocissimum,
fluctibus ne submergantur indomitis.

Diluvium gallinis cacillantibus ...
Diluvium lusciniis cantantibus ...
Diluvium insectis susurrantibus ...
Diluvium serpentibus reptantibus ...

luscinia – Nachtigall

Diluvium leonibus rudentibus
iam magna arca plena est fugientibus ...

oder:

In arcam bina intrant animalia
diluvia **timentia** infernalia.
Intratur ab **angentibus**
serpentibus repentibus
fugientibus diluvium horridum.

arca – Arche; bini, ae, a – je zwei
diluvium – Sintflut
angere – Angst haben
repere – kriechen

... leonibus rudentibus
... caballis hinnientibus
... et bovibus mugientibus
... anseribus clangentibus
... porcellis grunnientibus
... catellis gannientibus
... culicibus pungentibus

leo, onis m – Löwe; rudere, rudo – brüllen; anser, eris m+f – Gans; clangere, clango – schnattern; caballus – Pferd; hinnire – wiehern; bos, bovis m – Rind; mugire – blöken; porcellus – Schweinchen; grunnire –grunzen catellus – Hündchen; gannire – kläffen; culex, icis m – Schnake ; pungere, pungo – stechen

Supinum auf -um

For He's A Jolly Good Fellow

Nos venimus gratulatum,
te laudibus praedicatum
et iuste te honoratum
nos advolavimus,
nos advolavimus.

gratulari – gratulieren
praedicare – preisen, loben
iustus – gebührlich, gebührend
advolare – herbeieilen

Melodie: Froh zu sein

Veni(o) tete salutatum,
veni(o) tibi gratulatum.

Venimus te salutatum
atque tibi gratulatum.

salutare – begrüßen
atque – und auch

Gehen wir mal rüber zum Schmied

I salutatum, i visitatum
fabrum, cui filiae nubiles sunt.
I salutatum, i salutatum,
i visitatum eum,
ut unam tibi nuptum det.

faber, fabri m – Schmied; nubilis, e – heiratsfähig

nuptum dare, do – zur Ehe geben

Quam tibi nuptum collocet,
i salutatum, i salutatum,
i visitatum eum.

nuptum collocare – zur Ehe geben

Schlaf, Kindchen, schlaf

I cubitum.
Mamma somniolum
it quassum de arbuscula,
tum currit carptum cerasa.
I cubitum.

Cubitum i,
o lepuscelle mi.
Mammina anaticulas
aquatum ducit bibulas.
Cubitum i.

mammina – Mamilein (Kosewort)
bibulus – durstig

Dormitum i,
o cunicelle mi.
Contendit tua avia
in hortum messum cerasa.
Dormitum i.

cunicellus – Kaninchen (Kosewort)
contendere, contendo – eilen
metere, meto – ernten; cerasum – Kirsche

cubitum ire – schlafen gehen; somnium – Traum; quatere, quatio – schütteln; carpere, carpo – pflücken; cerasum – Kirsche; lepuscellus – Häschen (Kosewort); anaticula – Entchen; aquari – Wasser holen; bibulus – durstig

Spiele

Ludus gymnicus: Mens sana in corpore sano

Die Lateinstunde wird ausnahmsweise in die Turnhalle oder (sofern vorhanden) auf den Schulhofrasen velagert.
Der Lehrer (Magister) ruft die Schüler(Discipuli) in alphabetischer Reihenfolge auf und gibt seine Anweisungen bezüglich der auszuführenden Gymnastikübungen. Der/die betreffende Schüler/in führt die Übung aus und gibt die Anweisung dann an die Klasse weiter.

Spielart: Bewegungsspiel
Ziel: Wiederholung der Formen des lateinischen Imperativs sowie einiger Zahladverbien bei gleichzeitiger sportlicher Betätigung.
Zielgruppe: Schüler im 3. Lernjahr Latein
Dauer: 45 Minuten
Material: Sportmatten / Arbeitsblatt mit Anweisungen
Vorbereitung: Arbeitsblatt zu Hause vorbereiten

M: Ordo te vocat, Klaus. Du bist an der Reihe, Klaus. Ut rana sali! Hüpfe wie ein Frosch!
D: Spectate me! Ut rana salio. Nunc omnes vos deciens ut rana salite!

M: Ordo te vocat, Emma. Move bracchia ut natator more papilionis natans. Bewege deine Arme wie ein Schmetterlingschwimmer.
D: Spectate me! Bracchia ut natator more papilionis natans moveo. Nunc omnes vos per dua minuta ut natator more papilionis natans brachia movete.

M: Ordo te vocat , ... Bracchia move ut natator alternis bracchiis natans. Bewege deine Arme wie ein Kraulschwimmer.
D: Spectate me! Ut natator alternis bracchiis natans bracchia moveo. Nunc omnes vos viciens bracchia movete ut natator alternis bracchiis natans.

M: Ordo te vocat, ... Bracchia more hominis remis navigantis move. Bewege deine Arme wie jemand, der rudert.
D: Spectate me! Bracchia more hominis remis navigantis moveo. Nunc omnes vos octiens bracchia more hominis remis navigantis movete.

M: Ordo te vocat, ... Bracchiis orbes sinua. Kreise die Arme.
D: Spectate me! Bracchiis orbes sinuo. Nunc omnes vos per duo minuta temporis bracchiis orbcs sinuate.

M: Ordo te vocat, ... Pedem sinistrum manumque dexteram porrige. Strecke die linke Hand und den rechten Fuß aus.
D: Pedem sinistrum manumque dextram porrigo. Nunc omnes vos pedem sinistrum manumque dexteram undeciens porrigite.

M: Ordo te vocat, ... Pedem dextrum manumque sinistram porrige. Strecke die rechte Hand und den linken Fuß aus.
D: Spectate me! Pedem dextrum manumque sinistram porrigo. Nunc omnes vos pedem dextrum manumque sinistram duodeciens porrigite.

M: Ordo te vocat, ... Varica et manu sinistra pedem dextrum tange. Spreize die Beine und berühre mit der linken Hand den rechten Fuß.
D: Spectate me! Varico et manu sinistra pedem dextrum tango. Nunc omnes vos varicate et manu sinistra terdeciens pedem dextrum tangite.

M: Ordo te vocat, ... Varica et manu dextra novies pedem sinistrum tange. Spreize die Beine und berühre mit der rechten Hand den linken Fuß.
D: Spectate me! Varico et manu dextra pedem sinistrum tango. Nunc omnes vos varicate et manu dextra noviens pedem sinistrum tangite.

M: Ordo te vocat, ... Ambobus bracchiis porrectis in uno pede sta tamdiu poteris. Stehe mit ausgestreckten Armen auf einem Bein solange du kannst.
D: Spectate me! Ambobus bracchiis porrectis in uno pede sto. Nunc omnes vos ambobus bracchiis porrectis in uno pede state.

M: Ordo te vocat, ... More halmaturi saltus fac. Hüpfe wie ein Känguru.
D: Spectate me! More halmaturi saltus facio. Nunc omnes vos more halmaturi septiens saltum facite.

M: Ordo te vocat, ... Ut ciconia in uno pede sta! Stehe auf einem Bein wie ein Storch.
D: Spectate me! Ut ciconia in uno pede sto. Nunc omnes vos tria temporis minuta ut ciconia in uno pede state!

M: Ordo te vocat, ... Simula citharistam efferatum cithara canentem! Spiele Luftgitarre wie ein Wildgewordener.
D: Spectate me! Citharistam efferatum cithara canentem simulo. Nunc omnes vos simulate citharistam efferatum cithara canentem!

M: Ordo te vocat, ... Motus saltatorios fac ut fiunt in discothecis ab adulescentibus temporis digitalis. Tanze wie ein wild gewordener „Diskothekaner" des digitalen Zeitalters.
D: Spectate me! Motus saltatorios facio.Nunc omnes vos motus saltatorios facite ut fiunt in discothecis ab adulescentibus temporis digitalis.

M: Ordo te vocat, ... Pedibus varicatis solum palma dextra et palma sinistra tange. Berühre mit gespreizten Beinen den Boden mit der rechten und der linken Handfläche.
D: Spectate me! Pedibus varicatis solum palma tango.
Nunc omnes vos pedibus varicatis solum ter palma dextra, quater palma sinistra tangite.

M: Ordo te vocat, ... Protinus cernua! Mache einen Purzelbaum vorwärts.
D: Spectate me! Protinus cernuo. Nunc omnes vos bis protinus cernuate!

M: Ordo te vocat, ... Retro cernua! Mache einen Purzelbaum rückwärts.
D: Spectate me! Retro cernuo. Nunc omnes vos semel retro cernuate!

M: Ordo te vocat, ... In ventre iacens bracchiis tentis corpus subleva! Mache eine Liegestütze.
D: Spectate me! In ventre iacens bracchiis tentis corpus sublevo. Nunc omnes vos in ventre iacentes bracchiis tentis corpus sublevate!

M: Ordo te vocat, ... In tergo iacens pedum motus birotistae imita. Liege auf dem Rücken und radle.
D: Spectate me! In tergo iacens pedum motus birotistae imito. Nunc omnes vos in tergo iacentes pedum motus birotistae imitate!

papilio, onis m – Schmetterling; alternis bracchiis natare – kraulen; vicies – zwanzigmal; remus – Ruder; flectere, flecto, exi, exum – beugen; tendere, tendo – ausstrecken; rana – Frosch; halmaturus – Känguruh; halmaturus –Känguru; ciconia – Storch; varicare – die Beine spreizen; cernuare – einen Purzelbaum schlagen; in orbem circumagi – sich im Kreis drehen; bracchiis inter se implicatis – mit verschränkten Armen; palma – flache Hand;

Qui sunt / fuerunt hi homines conspicui? Wer sind / waren diese VIPs?

Spielart: Ratespiel
Thema: Namen von noch lebenden und verstorbenen bekannten Persönlichkeiten oder solche, die sich dafür halten, erraten
Ziel: „Entschlüsselung" der latinisierten Namen
Zielgruppe: Schüler im 3. Lernjahr Latein
Dauer: 15 Minuten
Sozialform: alle zusammen
Material: Arbeitsblatt mit den lateinischen Namen der VIPs und ein paar wenigen alphabetisch geordneten Vokabelhilfen

Meadomina / Florianus Argentiferreus / Claudia Rubra / Guillelmus Princeps / Hella Mentecapta / Iustinus Caastor / Helena Piscatoria / Lutetia Hiltonis / Ricardulus Molitor / Marius Barbah / Robertus Albus / Dimitria Maura / Stephanus Coorvus / Angelina Pulchra / Nicólaus Cavea / Hugo Iacobivir / Helmutus Caulis / Gerardus Deperdeum / Daniela Felimontana / Alexandra Bos / Til Tacitus / Plácidus Dominicus / Franciscus Aqualifex / Alexander Latrator / Naomia Castricampana / Udo Mons Tiliarum / Longus Longus pianista

Rex Niger+ / Lisa Vestifica+/ Eduardus Tignarius+ / Dorothea Dies+ / Michael Iacobifilius+ / Ludovicus Bracchifirmus+ / Iacobus Decanus+ / Ioachlmus Vulpimontanus+

Vokabelhilfen: albus – weiß; aqualis – Becken; argentum – Silber; barba – Bart; campana – Glocke; castor – Biber; caulis – Kohl; felis – Katze; latrare – bellen; piscator – Fischer; molitor – Müller; tilia – Linde

Quis sum ego? Heiteres Personen erraten

Spielart: Kommunikations- und Fragespiel
Thema: Namen von bekannten Persönlichkeiten durch eingrenzende Fragen erraten
Ziel: Wortfeld: lateinische Personenbeschreibung
Zielgruppe: Schüler ab 3. Lernjahr Latein
Dauer: 30 Minuten
Sozialform: alle zusammen
Material: Arbeitsblatt mit Fragenkatalog
Beschreibung:
Ein/e Schüler/in sitzt am Lehrerpult und denkt sich eine prominente Person aus, in deren Rolle er/sie schlüpft. Die anderen Schüler versuchen die betreffende Person zu erraten, indem sie Fragen stellen, die nur mit „ja" oder „nein" beantwortet werden. Wer die Person errät, darf am Pult Platz nehmen und selbst eine VIP-Rolle spielen.

Fragen

- Esne masculus / feminea?
- Esne Americanus(-a) / Europaeus(-a) / Australianus(-a) / Africanus(-a) / Asiaticus(-a)?
- Esne natus(-a) in Francogallia / America / Sibiria / Anglia / Germania / Austria?
- Esne athleta, ae m? Esne gymnica (*Sportlerin*)?

- Esne brevioris distantiae cursor / curstrix (*Sprinter/in*) // Marathonius cursor / Marathonia curstrix // pugil (*Boxer*) // pedilusor (pedilustrix) / natator (natatrix) / tenilusor (tenilustrix)
- Esne cantor (cantrix)?
- Esne cantor (cantrix) cantiuncularum / pop et rock /?
- Esne et artis saltandi peritus (-a)?
- Cantasne Anglice / Germanice / Hispanice / Francogallice / Russice / Italice?
- Esne florens aetate / grandis natu?
- Esne caelebs?
- Habesne amicam / amicum / sponsam / maritum?
- Quo colore capilli tui sunt? Suntne flavi / nigri / rufi (*rot*) / suffusci (*brünett*) / cani (*grau*) / albi (*weiß*)?
- Habesne capillos lungos / breves?
- Suntne labra tua Botoce inflata?
- Habesne mammas silicone dilatatas?
- Esne brevis staturae / magnae staturae?
- Corpus tuus estne notis compunctum (*tätowiert*)?

Antworten

- Ita / ita est / ita est ut dicis / certe / vero / sane / das Verbum wiederholen
- Non / nego / minime / nullo pacto / nequaquam

3 Quae haec sunt cantica? Wer kennt diese Lieder?

Spielart: Kommunikations- und Ratespiel
Thema: bekannte Schlagertitel
Ziel: den lateinischen Wortschatz erweitern; Gespür für Rhythmus vermitteln
Zielgruppe: Schüler ab 3. Lernjahr Latein
Dauer: 30 Minuten
Sozialform: alle zusammen
Material: Arbeitsblatt mit den ins Lateinische übersetzten Liedern
Beschreibung:
Bei diesem Ratespiel spielt jeder gegen jeden. Der Lehrer in der Rolle des Moderators liest die latinisierten Titel der zu erratenden Lieder nach dem Rhythmus der Originallieder vor. Die Schüler sollen erkennen, um welches Lied (Anfang oder Refrain) es sich handelt. Wer zuerst die Hand hebt und die richtige Antwort weiß, singt das Lied an (oder rezitiert es rhythmisch) und wird mit einem Punkt auf der Klassenliste vermerkt. Wer am Schluß die meisten Punkte hat, hat gewonnen.

Quae haec sunt cantica? (siehe p. 113)

1) O abies, o abies
2) Mihi ést reliquéndum oppídulum meúm
3) Dic mi, ubi flores sint
4) Paululum pacis
5) Care Augustine mi
6) Vidit iuvenis rosulam
7) Hodie tympanum pulsamus

8) Mentitus ápud me es míllies
9) Septem pontes transeundi sunt
10) Cur non dixisti "Minime!"
11) Tu, tu es prodigium
12) Noli flere in imbribus
13) Aut nunc aut numquam
14) Labra rubra sunt basianda
15) Hercle, te amo, non amo te
16) Nummi, nummi, nummi
17) Et sunt pristi pisci dentes
18)Veronica, ver iniit
19) Clementina, Clementina, Clementina, mea lux
2o) Aprica insula
21) Volo sequi hunc
22) Omnes aves adsunt iam
23) Et iterum et iterum sol oritur
24) Cremo quaeso ornata
25) Cras osculis te excito
26) Non possum facere, quin amem te
27) Et api illi, de qua loquor, nomen Maia
28) O laetissimum, beatissimum tempus natalicium
29) Sancta nox, placida nox
30) Lectus in agro frumentario est

abies, etis f – Tanne(n)baum; iuvenis, is m – Jüngling; tympanum – Pauke; mentiri apud alqm – anlügen; millie(n)s – tausendmal; prodigium – hier: Phänomen; imbres, ium m – Regenwetter; labrum – Lippe; tete = te; nummi, orum m – Geld; pristis, is f – Hai(fisch); piscis, is m – Fisch; ver, veris n – Frühling; inire, ineo, ii, itum – beginnen; apricus – sonnig; oriri – (Gestirn) aufgehen; cremum – Sahne; excitare – aufwecken; apis, is f – Biene; beatus – selig; placidus – friedlich, still; amore alcs inflammatus – in jemanden verliebt

Quaesita grammatica: Passiv-Quiz

Spielart: Lernspiel
Thema: lateinische Passivformen
Ziel: Überprüfung des Allgemeinwissens / Wiederholung und Festigung der Formen des lateinischen Passivs
Zielgruppe: Schüler/innen ab 3. Lernjahr Latein
Dauer: 45 Minuten
Material: Arbeitsblatt mit lateinischen Multiple-Choice-Fragen
Beschreibung:
Es werden je 3 Schüler/innen spielen. Wer die meisten Augen würfelt, nimmt eine Karte vom Stapel, liest den darauf stehenden Text laut vor und beantwortet die dazugehörige Frage – in ganzen Sätzen! Für jede korrekte Antwort gibt es einen Punkt. Ist die Frage falsch beantwortet, gibt es zwei Punkte Abzug. Wer nach der letzen vom Stapel abgehobenen Karte die meisten Punkte hat, hat gewonnen.

1) A qua femina Adamus ad malum edendum inductus est?
   a) a maga in serpentem conversa
   b) ab Eva
   c) a Sirene

   inducere – hier: verführen; maga – Zauberin

2) Qui athleta emeritus etiamnunc "Bum Bum" appellatur?
   a) Boris Pistor tenilusor
   b) Sebastianus Vetulus auriga
   c) Franciscus Aqualifex pedilusor

   auriga, ae m – Rennfahrer
   aqualis, is m+f – Becken

3) Quae femina "Divina" appellabatur?
   a) Lisa Vestifica
   b) Ingrides Montivir
   c) Greta Garbo

   divinus – göttlich

4) Qui liber non scriptus esset, nisi Caesar vixisset?
   a) De coniuratione Catilinae
   a) De Sabinis raptis
   b) De bello Gallico

   rapere, rapio, rapui, raptum – rauben

5) Quid saepe "orbis mafiosus" dicitur?
   a) placenta Turcica
   b) scriblita compressa Italiana
   c) laganum Neapolitanum

   orbis, is m – Scheibe
   laganum – Pfannkuchen

6) Quod monumentum non aedificatum esset, nisi Gustavus Eiffel vixisset?
   a) turris chalybeia Parisiorum
   b) Colosseum
   c) pharus Alexandriae

   charybeius – aus Stahl
   pharus – Leuchtturm

7) Ut Galli ipsorum lingua nominabantur?
   a) Gallopavones
   b) Celtae
   c) Gallinae

   gallopavo, on is m – Truthahn

8) Ut Romulus et Remus mammati sunt?
   a) a matre sua
   b) a lupa
   c) a nutrice

   mammare – säugen
   nutrix, icis f – Amme

9) Ut Caesar e vita excessit?
   a) sica transfixus est
   b) strangulatus est
   c) lapidibus obrutus est
   d) caput ei amputatum est

   e vita excedere – aus dem Leben gehen, sterben; sica – Dolch
   lapidibus obruere – steinigen

10) Quomodo Socrates animam efflavit?

animam efflare – die Seele aushauchen, sterben

a) crucifixus est
b) veneno interfectus est

venenum – Gift; interficere – töten

c) suspendio interemptus est

suspendium – Erhängen; interimere, interimo,emi, emptum – töten

11) Ut Sancta Iohanna e vita migravit?
a) a vipera morsa est
b) igni cremata est
c) a leonibus lacerata est

12) Ubi hammaburgi eduntur / cenantur?
a) in tabernis scriblitariis Italianis
b) in tabernis MacDonaldensibus
c) in tabernis a hominibus palati subtilis frequentatis

homo palati subtilis – Feinschmecker

d) in cauponis Osmanicis

caupona = taberna

13) Quando Carolus princeps rex Britanniae coronabitur?
a) anno proximo
b) ad Calendas Graecas
c) perendie

perendie – übermorgen

14) A quo Cyclops oculis privatus est?

oculis privare – blenden

a) ab Ulixe

Ulixes, is m – Odysseus

b) a Hercule
c) a Iove

Iovis, is m – Jupiter

d) a Dalila pulchra

15) Quae femina a Floriano Argentiferreo aliquando in matrimonium ducetur / collocabitur?
a) Iulia Roberta
b) Helena Piscatoria cantrix
c) Hella Mentecapta

mente captus – von Sinnen

16) A quo Britannia repraesentabitur si Lisa regina morietur?
a) a Carolo principe
b) a Guillelmo filio Caroli principis
c) a Camilla uxore secunda Caroli principis

17) A quo Germania regeretur si Angela cancellaria graviter in morbum incideret?

in morbum incidere – erkranken

a) ab Ursula Leyensi defensionis ministra
b) a Sigmario Gabriele vicecancellario
c) a Ioachimo Acido marito

acidus – sauer

18) Quid de Spartaco servo non factum esset, nisi rebellionem in Romanos fecisset?
   a) non in quattuor partes distractus esset
   b) non cruci affixus esset / non in crucem actus esset
   c) non in aqua(m) mersus esset

rebellio, onis f – Aufstand
distrahere, distraho – zerreissen
mergere, mergo – eintauchen

19) Quid de vulpe fieret, si anserem cleperet / surriperet / furaretur?
   a) sclopeto necaretur
   b) suspendio interimeretur
   c) pice lineretur

anser, anseris m – Gans
clepere / surripere / furari – stehlen
sclopetum – Gewehr
pix, picis f – Pech, Teer
pice linere, lino, levi, litum – teeren

20) Quae verba Deus dixit?
   a) Audiatur et altera pars.
   b) Fiat lux!
   c) An nescis, mi fili, quantilla prudentia mundus regatur?

quantillus – wie gering; prudentia – Klugheit

21) Liberi nolunt Max et Moritz veteratores poena tam terribili afficiantur. Nolunt
   a) pueri in carcerem iniciantur
   b) pueri capite damnentur
   c) pueri in particulas redacti a gallinis vorentur / comedantur

veterator, oris m – Schelm; poena afficere – bestrafen
in particulas redigere – zermahlen

22) Ut mundus futurus regatur?
   a) prudentia
   b) ab incolis extraterrestribus
   c) vi / per vim

regere, rego – regieren

23) Quid non factum esset nisi Nero fuisset?
   a) Colonia non condita esset.
   b) Roma incendio non vastata esset.
   c) Carthago non deleta esset.

24) Quid fiet haud dubie de orbe terrarum?
   a) ab Arnoldo Terminatore servabitur
   b) contaminabitur / polluetur
   c) a hominibus extraterrestribus destruetur

haud dubie – aller Wahrscheinlichkeit nach

25) Ubi tigrides saevi sub divo spectari possunt?
   a) in Africa
   b) in India
   a) in vivariis

sub divo – in der freien Natur
vivarium – Zoo

26) Ut antea epistulae scribebantur?
  a) manu
  b) computatro
  c) machinis scriptoriis

27) Quid antea de improbis discipulis fiebat?
  a) televisione et donis privabantur
  a) reprehendebantur — reprehendere – rügen
  b) verberibus castigabantur — verber, eris n – Schlag; castigare – züchtigen

28) Quae fierent, si Lutetia Hilton cancellaria rei publicae Germaniae eligeretur / fieret?
  a) Lotharius Matthaeus pedilusor emeritus rei culturali praeponeretur — rei culturali praeponere – zum Kultusminister machen
  b) Germania in toto orbe terrarum ludibrio haberetur
  c) fieret nihil
  d) Conradus Adenauer et Guillelmus Brandt in sepulcro rotarentur

29) Quid eveniret, si Helena Piscatoria Stocolmiam mitteretur, ut certamini musico Europaeo televisifice transmisso interesset ad victoriam reportandam?
  a) Victoria a Helena reportaretur
  b) Helena pulchra certamine vinceretur
  c) Tota Germania ignominia afficeretur — ignominia – Schande, Schmach

30) Quid fieret, si res publica Germanica a Talibanibus gereretur?
  a) Ecclesiae Christianae incendio delerentur meschitaeque constituerentur / aedificarentur — meschita – Moschee; constituere, constituo, stitui, stitutum – bauen
  a) Lex religiosa Islamitarum introduceretur
  b) Feminae cogerentur tuniculas minimas sibi induere — cogere – zwingen; tunicula minima – Minirock; induere, induo, ui, utum – anziehen, sich kleiden

Fragespiel (Wortfeld: Weihnachten)

Spielart: Lern- und Wissensspiel
Thema: lateinische Weihnachten
Ziel: Wortschatzerweiterung (Wortfeld: Weihnachten)
Zielgruppe: Schüler/innen ab 3. Lernjahr Latein
Dauer: 45 Minuten
Sozialform: Partnerarbeit
Material: Arbeitsblatt mit lateinischen Multiple-Choice-Fragen und Vokabelhilfen
Beschreibung:
Die Schüler beantworten die Fragen. Nach 30 Minuten tauschen die Tischnachbarn ihre Blätter aus und korrigieren sie gegenseitig mit Hilfe des Lösungsblattes, das vom Lehrer an jeden Schülern ausgeteilt wird.

1) Quid uno, tum altero, deinde tertio, denique quarto cereo ignifero adornatur?

cereus – Kerze; ignifer – „Feuer tragend"

   a) sertum adventuale
   b) laurea
   c) mensa
   d) arbor natalicia

sertum – Kranz
laurea – Lorbeerkranz

2) Ubi est natus Iesulus infans?
   a) in clinica gynaecologica
   b) in stabulo
   c) in cella vinaria
   d) in tentorio Indiano wigwam dicto
   e) in habitaculo mobili
   f) in deversorio

tentorium – Zelt
habitaculum – Wohnung
deversorium – Hotel

3) Quae bestiae praesaepio non astabant?

praesaepium/praesaepe, is n – Krippe

   a) bos
   b) ursus marinus
   c) camelus
   d) tyrannosaurus rex
   e) asinus
   f) gallina

4) Quid est nomen matri Iesuli?
   a) Meadomina
   b) Felicitas
   c) Beata Magdalena
   d) Maria
   e) Ursula

5) Ut pater Iesuli infantis appellabatur?
   a) Herodes
   b) Josephus
   c) Gaius Iulius
   d) Caligula

6) Quo munere Iosephus fungebatur?

munus, neris n – Beruf

   a) sartoris
   b) fabri tignarii
   c) pistoris
   d) magistri
   e) dentium medici

sartor, oris m – Flickschneider
faber tignarius – Zimmermann
pistor, oris m – Bäcker, Müller

7) Iosephus Sanctae Mariae erat:
   a) socer — socer, eri – Schwiegervater
   b) avus
   c) maritus — maritus – Ehemann
   d) sponsus — sponsus – Verlobter
   e) vicinus
   f) amicus intimus

8) Iesus erat:
   a) Christianus
   b) Iudaeus
   c) Muslimus

9) Quid tribus Magis Orientalibus iter sequendum indicavit?
   a) stella caudata — cauda – Schwanz
   b) stella cornuta — cornu, us n – Horn
   c) cursor publicus — cursor publicus – Briefträger
   d) instrumentum navigatorium
   e) custos publicus

10) Quo die Decembris mensis Iesulus natus est?
   a) vicesimo — vicesimus – der zwanzigste
   b) vicesimo quarto
   c) decimo septimo
   d) tricesimo — tricesimus – der dreißigste

11) Ubi tres Magi Iesum iacentem reppererunt? — reperire, reperio, repperi, repertum – finden
   a) in grabato — grabatus – Couch
   b) in lect(ul)o
   c) in praesaepi(o)
   d) in culcita inflabili — culcita inflabilis – Luftmatratze
   e) in sella litorali — sella litoralis – Strandkorb

12) Quot bestiae traheam Nicolai trahunt? — trahea – Schlitten
   a) quinque
   b) septem
   c) octo
   d) decem

13) Nicolaus bestiam iugalem habet. Quid huic est nomen? — bestia iugalis – Zugtier
   a) Fridericus Caudatus
   b) Rudolphus Rubrinasutus
   c) Donaldus Anas
   d) Michael Musculus
   e) Felis Caligatus — felis, is m – Kater; caliga – Stiefel

14) Bestia iugalis Sancti Nicolai est:

a) leo
b) lepus Paschalis — lepus, oris m – Hase
c) alces — alces, cis f – Elch
d) aper — aper, apri m – Wildschwein
e) cervus tarandrus — (cervus) tarandrus – Rentier
f) camelus
g) rhinoceros

15) Estne / Suntne bestiae iugali Nicolai:

a) nasus lucifer
b) ungulae fluorescentes — ungula – Huf
c) cauda amputata
d) aures fulgentes — fulgere, fulgeo, fulsi – glänzen, strahlen

16) Quis nocte Iesuli nati in Britannia liberis dona apportat?

a) Christulus infans
b) Sanctus Nicólaus
c) angelus
d) Mamma Nivalis
e) Fata benefica — beneficus –wohltätig

17) Ubi est officina Nicólai, ubi, ut liberi Britiannici et Americani putant, dona natalicia conficiuntur?

a) Romae
b) Carthagine
c) in terra Arctica
d) in terra Antarctica
e) in Palaestina
f) in California

18) Quo vehiculo dona natalicia ad liberos afferuntur?

a) helicoptero
b) sclodia — sclodia –Schlitten
c) navigio subaquali — navigium subaquale – U-Boot
d) curru onerario — currus (-us m) onerarius – LKW
e) machina tractoria

19) Ut vir natalicius dona liberis tradit? — tradere – abliefern, zustellen

a) in pyxide immissa — pyxis, idis f – Büchse
b) magno in sacco immissa
c) in cucullo plastico immissa — cucullus –Tüte
d) in corbe immissa — corbis, is f – Korb

20) Ubi Nicolaus Britannicus dona abdit? — abdere, abdo – verstecken
   a) in tibialibus — tibiale, is n – Strumpf
   b) in calceis — calceus – Schuh
   c) in caligis — caliga – Stiefel
   d) sub lecto
   e) in horto (h)olitorio — (h)olitorius – Gemüse-

21) Die sexto Decembris mensis liberi probi a viro natalicio donis delectantur. Quid autem de malis liberis fit?
   a) a Nicolao virga mulcantur — mulcare – prügeln
   b) televisione privantur
   c) in carcerem includuntur
   d) alapae eis ducuntur — alapa – Ohrfeige
   e) in magnum saccum Nicolai immittuntur

22) Vir natalicius, ut ex consuetudine depingitur, Sanctus Nicolaus minime est. Rupertus servus est. Quibus insignibus Sanctus Nicolaus praeditus est? — ex consuetudine – normalerweise
   a) mitra — mitra – Bischofshut
   b) baculo espiscopali — baculum – Stab
   c) tiara — tiara – Turban, Papstkrone
   d) tunica Hawaiiana
   e) anulo aureo
   f) gunna caledoniensi — gunna – Rock

23) Quis fuit Sanctus Nicólaus?
   a) papa — papa, ae m – Papst
   b) episcopus
   c) pastor ovillus — ovillus – Schaf-
   d) ecclesiae doctor
   e) actor cinematographicus
   f) sacerdos — sacerdos, otis m – Priester

24) Quis die Iesus nati in Germania liberos donis delectat?
   a) Fata Morgana
   b) Christus infans
   c) Lepus Paschalis
   d) Sanctus Nicolaus
   e) Petrulus Hirsutus
   f) Supervir

25) Ubi vir natalicius “babbo natale” appellatur?
   a) in Hispania
   b) in Italia
   c) in Lusitania — Lusitania – Portugal
   d) in Argentinia
   e) in regno Mexicano

26) Sanctus Nicolaus erat:

a) vir maleficus
b) vir beneficus
c) mirum caput
d) vir insidiosus — insidiosus – heimtückisch

27) Quae carmina non sunt carmina natalicia?

a) Gaudeamus igitur
b) Adeste fideles
c) In dulci iubilo
d) I, nuntia in monte
e) Aut nunc aut numquam

28) Quid Britanni primo die festo Iesus nati libentissime edunt?

a) gallum Indicum — gallus Indicus – Truthahn
b) trahemesursum, quod Italice tiramisu dicitur
c) panes Turcicos carne, cepis, acetariis infersos
d) hillas calentes Anglice "hot dogs" (canes fervidos) appellatas

29) Quae arbor "natalicia" dicitur?

a) populus — populus, i f – Pappel
b) oliva
c) abies
d) palma
e) tilia — tilia – Linde

30) Quibus rebus arbor natalicia in Germania non adornatur?

a) globis versicoloribus — globus – Kugel
b) cereis lucentibus — cereus – (Wachs-)Kerze
c) stellulis chartaceis aureis — chartaceus – aus Papier
d) ursulis cummosis Haribo
e) botellis Vindobonensibus — botellus – Würstchen; Vindobona – Wien
f) ovis paschalibus
g) bacillis piscariis Iglu — piscarius – Fisch-
h) filulis metallicis argenteis — filulum – Fädchen
i) angelis nataliciis
j) libis mellitis — libum mellitum – Lebkuchen

31) Quid Nicolaus Britannicus donis nataliciis implet?

a) tibialia — tibiale, is n – Strumpf
b) sandalia
c) culleos plasticos — culleus – Sack, Tüte
d) caligas — caliga – Stiefel

32) Quid litterae CMB sibi volunt?

a) Casparus Melchior Balthasar
b) Christus mansionem benedicat — mansio, onis f – Wohnung
c) Christus mendicos beet — mendicus – Bettler; beare – erfreuen
d) Clara, mulge bovem! — mulgere, mulgeo, mulsi, mulctum – melken
e) Cave mulieres barbaras!

33) Quis verba cantici natalicii "Stille Nacht" scripsit?

a) pastor Britannicus
b) sacerdos pagi Austriaci — pagus – Dorf
c) cantor Helveticus
d) pistor Hispanicus — pistor, oris m – Bäcker
e) nauta Batavus — Batavus – holländisch

34) Quo saeculo canticum "Stille Nacht" scriptum est?

a) decimo octavo
b) decimo nono
c) decimo quinto

35) Ubi Iesulus infans "Gesù Bambino" appellatur?

a) in Francogallia
b) apud Britannos
c) nusquam
d) in Italia
e) In Lusitania — Lusitania – Portugal
f) in Rumania

36) Ut *Christkind* Latine redditur?

a) Christus infans
b) Iesus liber
c) Christulus liber
d) Iesulus puerulus

37) Estne festum natalicium Domini festum:

a) hominum locupletum — locuples, etis is – reich, begütert
b) amoris
c) luminum
d) concordiae

38) Quis / quid est Rudolphus Rubrinasatus?

a) adversarius pugilatorius a Clitschco fratribus male mulcatus — pugilatorius – Box-; male mulcare – verprügeln
b) rector rangiferorum sancti Nicolai
c) medicamen ad gravidinem sanandam — gravedo, dinis f – Stockschnupfen
d) nasus gravidine rubefactus — rubefacere – röten

39) Quarum vocium Germanicarum non est origo Latina?
   a) Ochse
   b) Esel
   c) Vater
   d) Mutter
   e) Hirte
   f) Stall
   g) Kaiser

40) Quae verba non congruunt?
   a) Lucius Fortunatus
   b) Sanctus Nicolaus
   c) praesaepe
   d) Iesulus infans
   e) Virgo immaculata
   f) Michael Musculus

congruere, congruo, ui – zusammenpassen
mus, muris m – Maus

41) Quis liberis Russicis tempore natalicio dona fert?
   a) Christus infans
   b) Vir Natalicius
   c) Paterculus Gelidus
   d) Maga bona Befana dicta

gelidus < gelu, us n – Frost, Eiskälte

42) Qui vir scripsit "Sille Nacht"?
   a) Placidus Dominicus
   b) Ricardulus Martinus
   c) Iosephus Maurus
   d) Perus Lapidipons
   e) Uvius Boviservus

Perus – Peer; lapis, idis m – Stein
Uvius – Uwe

43) Quando vir natalicius Russicus liberos donis nataliciis delectat?
   a) quarto vicesimo die Decembris mensis
   b) nocte silvestri Gregoriana
   c) nullo tempore

44) Arbor natalicia
   a) conifera est
   b) abies est
   c) taxus est
   d) folia viridia habet
   e) spinas habet
   f) pinus est
   g) arbor frondea est

conus – Zapfen
taxus, i f – Taxus, Eibe
spina – Dorn
pinus, us (i) f – Fichte
frons, ondis f – Laub

45) Quibus donis quibus bestiis in vivariis Germanicis viventibus saepius saepiusque post dies festivos natalicios magnum gaudium paratur?

a) gorillis oblectamentis multicoloribus — oblectamenta, orum n – Spielzeug
b) elephantis arboribus nataliciis in usu non habitis — in usu habere – in Gebrauch haben
c) ursulis marinis tibialibus nataliciis — ursus marinus – Eisbär

46) Cur celebramus festum Iesuli nati?

a) quod Deus homo factus est
b) quod homines arbores natalicias cereis ornatas amant
c) quod festa celebrare iucundum est
d) quod delectationum cupidi sumus — delectatio, onis f – Vergnügen

47) Cur pastores primos de Iesu nato ab angelis certiores facti sunt?

a) quod tibiis canere sciebant — tibia – Flöte
b) quod viri nobiles erant
c) quod plebei despecti ad inopiam redacti erant — despicere, despicio, spexi, spectum – verachten; inopia – Armut

48) Quis iussit omnes parvulos duos annos natos necari?

a) Augustus imperator
b) Nero imperator
c) Herodes rex
d) Hannibal Lector

49) Quid aut qui homines erant Tres Magi?

a) reges orientales
b) astrólogi
c) medici
d) viri sapientes
e) viri, qui praeconium *Maggi* condimenti liquidi edicebant — praeconium edicere – Werbung machen; condimentum – Gewürz; liquidus – flüssig

50) Quid in vetere testamento de Iesu praedictum falsum est?

a) In Bethlehem nascetur
b) Ex Aegypto veniet
c) Rex aeternus et stirps Davidis regis est — stirps, stirpis m – Nachkomme
d) In praesaepio iacebit
e) Mundum salvabitur

Creatio delectat

Unter dem Begriff „Kreativität" versteht man die Fähigkeit schöpferisch zu sein (< lat. creare), d.h. phantasievoll und gestaltend zu denken und zu handeln.
Dass kreatives Arbeiten viel mehr Spaß als rezeptives Lernen macht, steht wohl außer Zweifel. Die Gründe dafür liegen auf der Hand: phantasievoll Eigen-Sinn realisieren zu können ist in jedem Fall reizvoller als rezeptives und reproduktives Lernen, ist allemal reizvoller als sich Arbeitsaufträgen mit festliegenden Antworten widmen zu müssen. Allerdings bedarf es einer gewissen Lenkung. So kann z. B. von den Schülern nicht erwartet werden, dass sie ohne Anleitung einen lateinischen Steckbrief des „Bösen Friederich" zu gestalten in der Lage sind. Wenn sie sich allerdings an einem vorgegebenen Steckbrief von „Max und Moritz" orientieren und sich Anregungen daraus holen können, dürfte dies kein unlösbares Problem mehr sein.

Fabula corrigenda
(solutio p. 113)

Spielart: Korrigier-Spiel
Thema: Märchen (Rotkäppchen)
Ziel: ein verfälschtes latinisiertes Märchen inhaltlich dem Original wieder anpassen
Wortfeld: Rotkäppchen
Zielgruppe: Schüler ab dem 2. Lernjahr Latein
Dauer: 30 Minuten
Sozialform: Einzel- oder Partnerarbeit
Material: Arbeitsblatt "In silva bella villa est ..."
Beschreibung:
Das folgende Märchen ist das von Rotkäppchen in einer etwas abgeänderten Version. Die Aufgabe der Schüler besteht darin, die ursprünglichen Personen und Handlungen in etwa wieder herzustellen. Folgende Wörter sollten allerdings (entsprechend dekliniert und konjugiert!) in der Geschichte enthalten sein:
Avia / casa / Rubrimitella / placenta / vinum / narcissus / rosa / tulipa / placenta / mamma / meare / mea parvula / venator / phasanus / cuniculus / forficula / femina / saxum / alveus

In silva bella villa est. In ea vetulus aegrotus habitat. Vetulus avus puelli est, quem Rubripetasulum nominant, quod semper petasulo rubro vestitus est. Rubripetasulus avum valde amat. Itaque saepe avum visitat et pulliburgis et vischio et fasciculo primularum, liliorum, violarum eum delectat. Hodie puellus avo aegroto bonam pizzam vegetariam a Caterina amita coctam apportat. Cum per silvam equitat, lupa dolosa eum indagat, salutat, interrogat: "Quo meas, mi parvule? Certe avum visitas? Monstra mihi viam, quae ad casam avi fert." Puellus stultus lupae viam monstrat. Lupa callida ad casam avi properat, ianuam pulsat, in casam intrat, virum devorat, Rubripetasulum exspectat. Post duas horas puellus in casellam intrat. Lupa in puellum se praecipitat, miserandum plane devorat. Tum in lecto vetuli somno se dat.
Forte fortuna venatrix prope casellam avi elephantos et hyaenas et crocodilos agitat. Lupam stertentem audit. Advolat, bestiam aspectat, sclopeto autem eam non necat. Cultro ventrem anthropophagae secat, avum et Rubripetasulum liberat. Viri laetitia exsultant, per casam saltant, venatricem basiant, cantant: "Nunc improba est mortua, mortua, mortua! Nunc improba est mortua, mortua!"
Tum ventrem lupae lithocolla et aqua explent et obsuunt. Lupa vulnerata ad piscinam reptat, potat, titubat, in aquam incidit, animam efflat.

vetulus – alter Mann; aegrotus – krank; avus – Großvater; petasulus – Hütchen; vestitus – bekleidet; pulliburgus – Chickenburger; fasciculus – Strauß; amita – Tante; coctus – gebacken; equitare – reiten; dolosus – hinterlistig; indagare – aufspüren; meare – gehen; mi parvule – mein Kleiner; via – Weg; fert – (der Weg) führt; stultus – töricht; properare – eilen; ianuam pulsare – anklopfen; devorare – verschlingen; miser – der Arme; lectus – Bett; somno se dare – sich schlafen legen; forte fortuna – zum Glück; venatrix – Jägerin; prope – in der Nähe; agitare – jagen; stertentem – die schnarchende; sclopetum – Gewehr; culter, tri m – Messer; venter, tris m – Bauch; anthropophaga – Menschenfresserin; secare – aufschneiden; reptare – kriechen; laetitia exsultare – vor Freude jubeln; basiare – küssen; mortuus – tot; dolosus – hinterlistig; lithocolla – Zement; obsuere, obsuo – zunähen; piscina – Fischteich; titubare – taumeln; animam efflare – den Geist aushauchen, sterben

Grammatik:
Der obige Text enthält fast ausschließlich Verben der a-Konjugation im Präsens sowie Substantive und Adjektive der a- und o-Deklination.

Aufgabe 1:
Konjugiere singend (oder im Sprechgesang) folgende Verben auf die Melodie von „Kuckuck, Kuckuck ruft's aus dem Wald":
amare / portare / secare / reptare / pulsare / intrare / potare / efflare

Beispiel: meare
Meo, meas, meat – oh Graus!
Fehlt noch *meamus*,
sowie *meatis*.
Schließlich fehlt noch
meant – Schluß! Aus!

Aufgabe 2:
Rubrimitella in taberna alimentaria est. Emit:
vinum – flascam / carotas – cistam / caseum Helveticum – libram / petroselinum – fasciculum / margarinum – semi- libram / ketsupum – tubum / patatas – saccum/ mala – quinque chiliogrammata /sigarella – capsulam / mala aurea – situlam /pralina – cucullum / ursulos cummosos – sacculum

flasca – Flasche; caseus – Käse; libra – Pfund; petroselinum – Petersilie; ketsupum – Ketchup; tubus – Tube; saccus – Sack; patata – Kartoffel; malum – Apfel; chiliogramma – Kilo; sigarellum – Zigarette; malum aureum – Orange; situla – Eimer; cucullus – Tüte; pralinum – Praline; sacculus – Beutel

Beispiel 1:
- *Rubrimitella emit flascam vini.*
- *Rubrimitella emit cistam carotarum.*

Beispiel 2:
- *Puella aviam vino delectat.*
- *Puella aviam carotis delectat.*

Beispiel 3:

In carro alimentario carrus alimentarius – Einkaufswagen

- *iam inest vinum*
- *iam insunt carotae*

Fabula anagrammatice adulterata emendanda (siehe p. 114)

Thema: Märchen (Rotkäppchen)
Ziel: Einen in punkto Inhalt und Wortschatz bekannten anagrammatisch verfremdeten gekürzten Märchentext dechiffrieren.
Zielgruppe: Schüler im 2. Lernjahr Latein
Dauer: 20 Minuten
Sozialform: Partnerarbeit

In vasil vapar asca set.
In asca ivua Burmiritellea bibahat.
Ivua luveta ograeta set.
Burimitellea ivuam dleva atam.
Heodi mae tisivat.
Banom cenplamat te scaflam nivi ivuae tapporat.
Nuamia taspul te ni ascam tratin.
Sed (= aber) *ubi* (= wo) tes ivua?
Ni ctole ono tes.
Supul ni ctole tes.
Stiabe losado ivuam vodevarit.
Te cnun mapulle serammi voredat.

Certamen pictorium

Thema: lateinische Personenbeschreibung
Ziel: eine lateinische Personenbeschreibung verstehen und anhand dieser Angaben ein Porträt der beschriebenen Person erstellen
Zielgruppe: Schüler ab 3. Lernjahr Latein
Dauer: 45 Minuten
Sozialform: 3er- oder 4er-Gruppen
Material: Wörterbuch Latein-Deutsch, kartoniertes Malpapier, Farbstifte
Beschreibung: Die Schüler übersetzen den lateinischen Text und zeichnen danach in Teamarbeit von maximal vier Personen anhand der folgenden lateinischen Angaben ein Bild. Ausführliche Vokabelerklärungen fehlen absichtlich. Die beste Zeichnung wird „prämiert".

Vir sexaginta circa annos natus, pinguis, statura media est.
Vitris ocularibus praeditus est.
Buccae rubrae in ore eius stant.
In gena sinistra mira notarum impressio cernitur: arbuscula natalicia.
Habet magnum nasum rubrum tuberosum.
Pustulae in fronte eius cernuntur.
Tunica rubra cingula scortea nigra succincta vestitus est.

Sandaliis rubris utitur.
Caput eius galero lanato rubro contra frigora protegitur.
E galero aures Caroli principis similes prominent.
Quae aures inauribus ornatae sunt.
Vir barbam promissam (= longissimam) colore niveo habet.
Digitabula scortea spissa manus eius contra frigora hiemis protegunt.
Manu sinistra vir fasces agitat.
Ad pedes eius magnus saccus est, e quo tres fasciculi charta versicolore involuti et capita pupae Barbie dictae et ursuli lusorii eminent.
Prima palmae dext(e)rae pars (*Handgelenk*) horologio bracchiali ornata est.
Post tergum viri abies cereis lucentibus, filis argenteis, globulis versicoloribus decorata stat.

pinguis, e – fett; bucca – Wange; notarum impressio – Tätowierung; scorteus – aus Leder; lanatus – aus Wolle; inaures, ium f – Ohrgehänge; spissus – dick, dicht, fest; charta – Papier

De Friderico impudico fabula

Thema: Die Geschichte vom bösen Friederich auf Lateinisch
Ziele:
a) den lateinischen Text verstehen
b) Einübung und Kognitivierung des lateinischen Perfekts und Imperfekts 3. Person Singular
Zielgruppe: Schüler ab 3. Lernjahr Latein
Dauer: 45 Minuten
Sozialform: 3er- oder 4er-Gruppen
Material: Wörterbuch Latein-Deutsch

Eheu! Quam erat impudicus
maleficusque Fridericus!
Qui manu muscas arripiebat
et eis alas evellebat.
Vexabat canes, dissipabat
sedeculas, feles necabat.
Magistros pede percutiebat,
puellas fustibus feriebat.
In argentarias ruebat
atque pecuniam clepebat.
Scelestus drogas venditabat,
parvas puellas violabat,
infantes, liberos rapiebat
et magna pretia poscebat.
Ira incensus etiam
mulcabat suam Gretulam.
Quod etiam is faciebat:
Ampullas Molotov iaciebat.
Ad fontem quondam canis stabat
siti cruciatus, qui potabat.

impudicus – unverschämt
maleficus – bösartrig, boshaft
musca – Fliege; arripere, arripio, ripui,
reptum – ergreifen; ala – Flügel; evellere
– ausreißen; dissipare – zertrümmern
sedecula – Stühlchen; feles, is f – Katze
pede percutere, percutio – treten
fustis, is m – Knüppel; ferire – hauen
argentaria – Bank; ruere – einbrechen

scelestus – Verbrecher
venditare aliquid – handeln mit
rapere, rapio – hier: kidnappen
pretium poscere, posco – Lösegeld
fordern; ira incensus – wutentbrannt
mulcare – verprügeln

fons, fontis m – Quelle; quondam – einst
sitis, is f – Durst; cruciatus – gequält

Obrepsit cani huic armatus
flagello suo sceleratus,
quo miserandum verberavit,
qui quiritavit et latravit.

Tum repentino Friderici
crus laevum laesit impudici.
Nunc Fridericus quiritavit
et lacrimavit et ploravit!
Sed canis domum rediit.
Flagellum ore abstulit.

obrepere, obrepo, repsi, reptum – anschleichen; flagellum – Peitsche; sceleratus – Schurke; verberare – schlagen; quiritare – heulen; latrare – bellen; repentino (Adv.) – plötzlich; crus, cruris n – Unterschenkel; laedere, laedo, si, sum – verletzen; os, oris n – Maul; auferre, aufero, abstuli, ablatum – wegtragen

Non ita est ut dicis, pater!

Thema: Die Geschichte vom bösen Friederich auf Lateinisch
Ziel: Einübung und Kognitivierung des lateinischen Perfekts und Imperfekts 1. und 2. Person Singular:
Spielform: Kommunikationsspiel
Zielgruppe: Schüler ab 2. Lernjahr Latein
Dauer: 10 Minuten
Sozialform: Partnerarbeit
Material: Arbeitsblatt
Beschreibung: Friedrichs Vater stellt seinen ungeratenen Sohn zur Rede, aber Friedrich streitet alle Vorwürfe ab:
Bsp.:
P(ater): Iam iterum manu muscas arripuisti et eis alas evellisti?
F(ridericus): Minime manu muscas arripui nec alas eis evelli!

P: Iam iterum canes vexavisti?
F: Minime ...
P: ... sedeculam dissipavisti?
F: Minime ...
P: ... felem necavisti?
F: Minime ...
P: ... magistrum pede percussisti?
F: Minime ...
P: ... puellam fustibus ferivisti?
F: Minime ...

P: ... in argentariam ruisti et pecuniam clepsisti?
F: Minime ...
P: ... drogas venditavisti?
F: Minime ...
P: ... puellam violavisti?
F: Minime ...
P: ... liberum rapuisti et magnum pretium poposcisti?
F: Minime ...
P: ... Gretulam mulcavisti?
F: Minime ...
P: ... ampullas Molotov in custodes publicos iecisti?
F: Minime ...

Praemandatum designamus: Wir entwerfen einen Steckbrief

Die Schüler sollen im folgenden Steckbrief von Max und Moritz zunächst die Gerundia durch Gerundiva ersetzen, das fehlende Porträt der bösen Buben zeichnen, kolorieren und einfügen, sich die Geschichte mit den „Untaten" Friederichs nochmal lesend in Erinerung rufen und anhand des Max-und-Moritz – Musters einen Steckbrief für den Fridericus Impudicus entwerfen – mit (Farb-) Bild

Fridericus incusatur:

- *delicti canes vexandi / canum vexandorum*
- *delicti sedeculas dissipandi / sedecularum dissipandarum, etc.*

Das Portrait des bösen Friederich ist nach den folgenden Angaben zu zeichnen:
Crines Friderici more Irocensium Indianorum compositi sunt. Nasus eius pomo terrestri similis est. Dentes lacunosi, labra tumida sunt. Aures eminentes magnis inauribus ornatae sunt. In gena sinistra ancora notis compuncta conspicitur. Gena dextera cicatricosa est. Fridericus supercilia hirsutissima habet.

Zielgruppe: Schüler ab 3. Lernjahr Latein
Dauer: 3 mal 20 Minuten
Sozialform: Gruppenarbeit

Vokabelhilfen: Steckbrief Max und Moritz
praemandatum – Steckbrief; requirere, requiro – suchen; delictum – Straftat; incusare – anklagen; surripere, surripio, ripui, reptum – stehlen; cruciare – quälen; flagro caedere, caedo, cecidi, caesum – peitschen; in discrimen dare – aufs Spiel setzen; medicamen stupefactivum – Droge; flagitium – Schandtat; custos publicus – "öffentlicher Wächter", Polizist; gena – Wange; cicatrix, icis f – Narbe; notis compunctus – tätowiert; clava – Keule, Knüppel; scelus, eris n – Schurke

Praemandatis requiruntur

Max et Moritz

Max et Moritz horum delictorum incusantur:

- delicti mala et pira surripiendi
- delicti bestias cruciandi
- delicti gallinas strangulandi
- delicti gallinas tostas auferendi
- delicti canes flagro caedendi
- delicti feles torquendi
- delicti puellas calcandi
- delicti magistros sugillandi

Max et Moritz et horum flagitiorum convicti sunt:

- flagitii pistrinam intrandi et spiras clependi
- flagitii pontem occulte diruendi
- flagitii sartorem in rivo mergendi
- flagitii professori vim afferendi
- flagitii impetum in Lampulum faciendi
- flagitii vitam magistri in discrimen dandi
- flagitii medicamina stupefactiva vendendi
- flagitii ampullas Molotovianas fabricandi et in custodes publicos iactandi

Max et Moritz tredecim annos nati magnitudine decem pedum sunt. Alter in gena sinistra alter in bracchio dextro cicatricem habet. Pectora eorum notis compuncta. Linguam Latinam loquuntur accentu Suebico pronuntiatam.

Cavete cultris et clavis armatos! Periculosissimi sunt!

Quicumque utcumque ad scelera captanda contribuat, 10000 libris Britannicis remunerabitur.

Max et Moritz in ius vocati sunt: Max und Moritz vor Gericht

Spielart: szenisches Spiel
Thema: Grammatik
Ziel: Wiederholung und Einschleifung der Formen des Konjunktiv Perfekt (nach cum causale und cum concessivum)
Zielgruppe: Schüler ab 3. Lernjahr Latein
Dauer: 45 Minuten

Max et Moritz multa maleficia commiserunt:
Pira surripuerunt, gallinas strangulaverunt et tostas abstulerunt, canes flagro ceciderunt, feles torserunt, puellas calcaverunt, pontem vestifici occulte diruerunt, magistros sugillaverunt, impetum in Lampulum magistrum fecerunt, vitam Lampuli in discrimen dederunt, pistrinam per vim intraverunt et spiras clepserunt, medicamina stupefactiva vendiderunt, ampullas Molotovianas fabricaverunt et in custodes publicos iactaverunt.

Procurator:
Cum pira surripuerint, in carcerem coniciendi sunt.
Advocatus puerorum:
Ut pira surripuerint, tamen in carcerem non coniciendi sunt. Nondum adulta aetate sunt.
Klasse:
Ita est ut procurator dixit: In carcerem iniciendi sunt.

Procurator:
Cum gallinas strangulaverint ... abstulerint ...
Advocatus:
Ut gallinas ...
Klasse:
Ita est ... etc.

...
ceciderint / torserint / calcaverint / diruerint / sugillaverint / fecerint / dederint / intraverint / clepserint / vendiderint / fabricaverint et iactaverint

in ius vocare – vor Gericht laden; maleficium – Übeltat; pirum – Birne; felis, is – Katze; torquere, torqueo, torsi, tortum – foltern; calcare – treten; occulte diruere, diruo, rui, rutum – sabotieren; sugillare – verhöhnen; per vim – gewaltsam; spira – hier: Brezel; custos publicus – Polizist

Fridericus impudicus confessionem suorum peccatorum facit

Die Schüler lesen und übersetzen den folgenden Text. Dann füllen sie zunächst die Lücken mit den in der latinisierten Geschichte erwähnten "Untaten" des Bösen Friederich aus, bevor sie in Teamarbeit (Zweier- oder Dreiergruppen) ein ähnlich gelagertes Gespräch mit den "Sündern" Max und Moritz im Beichtstuhl verfassen.
Zielgruppe: Lateinschüler/innen ab 4. Lernjahr
Dauer: insgesamt ca. 60 Minuten

F(ridericus): Heus, pater! In nomine patris et filii et spirituosi sancti. Laudatus sit Iesus Christus!

Sacrae penitentiae administer (SPA): Per omnia saecula saeculorum. Amen.

F: Recte dicis. Amen! – E quattuor saltem, quantum scio, iam annis confessionem peccatorum meorum non feci. Ad ea autem confitenda nunc demum paratus sum – paenitentia, mihi crede, valde commotus.
SPA: Audio, mi fili! Loquere! Quid machinatus es?

F: Magnus, ne dicam maximus, vere peccator fui, quod mihi vere molestissimum est! Peccavi inter alia in felibus, in canibus, in avibus. Peccavi in suppelectilibus. Peccavi in hominibus, in Margaritula amica mea imprimis.

SPA: Simpliciter breviterque ad propositum fac venias, mi fili! Ad rem! Ad rem! Dic mihi, missis ambagibus, quas malas res feceris.

F: Plurima mala machinatus sum:
Muscis alas evelli ...
...
...
...

Haec omnia nunc tua peccata? Ceterane peccata forsitan confiteri vis?

F: Ita. Volo et debeo. Paene oblitus sum: Magnam copiam puellarum ad concubitum faciendum induxi.

SPA: Praeceptum sextum Decalogi saepius violavisti! Quod peccatum capitale est! – Hmm ... Quas puellas? Amandam Inflatam? Sigridem Siliconam? Gundam Rotundam? Renatam Mammatam? Albertam Anabolicam? Fridericam Flavam? Profiteris te has omnes seduxisse?

F: Profiteor. O Iesus Christe, imploro te, miserere mihi! Et libera me a malo!

SPA: Peccata tua vere gravia, mi fili. Gravissima! Paenitetne te ea commisisse?

F: Certe ea fecisse me paenitet! Quidni?

SPA: Et nunc te benedicat Deus omnipotens: Pater et filius et spiritus sanctus. Amen.

F: Amen. Mene nunc de omnibus peccatis meis absolvisti?

SPA: Immo vero! Ab omnibus peccatis nunc absolutus es. Ut tuos mores depravatos autem re vera emendes, haec tibi recitanda erunt: Ter recitabis *Pater Noster* quaterque *Confiteor*. Praeterea tibi haec sexies manu (nec machina computatoria!) scribenda:
Mihi minime licet muscis alas evellere ...
...
...
...
Quibus scriptis et haec scribes magna, scilicet, paenitentia commotus:

Utinam ne muscis alas evellissem!...
...
...
...
Pax Dei Domini Omnipotentis sit semper nunc tecum!

F: Et cum spirituoso tuo, mi pater! Et cum spirituoso tuo!

SPA: Spiritu, asine! Spiritu tuo! Nullo pacto spirituoso! Ubi terrarum tu Latine didicisti!? In una harum scholarum mirarum "Walldorf" dictarum?! – Et nunc abi in pace!

F: Iam abeo. Vale!

sacrae penitentiae administer – Beichtvater; saltem – mindestens; confiteri, confiteor, confessus sum – bekennen, beichten; paenitentia – Reue; machinari – anstellen; molestus – unangenehm; forsitan – (Adv.) vielleicht; ad concubitum faciendum inducere – (ein Mädchen) verführen; rotundus – rund; mammatus – "gut bebust"; flavus – blond; profiteri, profiteor, professus sum – gestehen, offen bekennen; quidni? – warum nicht?; absolvere, absolvo, solvi, solutum – freisprechen von; immo vero – ganz gewiß; depravare – verderben; emendare – verbessern; quater – viermal; sexies – sechsmal; nullo pacto – keineswegs; hortus infantium – Kindergarten

Alea iacta est: Würfelspiel zur Einstimmung auf die Ferien

"Alea iacta est" soll vorzugsweise am Ende des Schuljahres, wenn die Noten feststehen und die Arbeitsmoral der Schüler gegen Null tendiert, quasi als Einstimmung auf die Ferien und als nervliche Entlastung für Lehrer ("Alea iacta est" ist ein "Selbstläufer!") wie Schüler zum Einsatz kommen.

Spielart: Würfelspiel
Thema: Ferien am Strand
Ziel: Die Schüler sollen:
spielerisch Vokabular des Wortfeldes "Ferien, Strand(aktivitäten), Sonne, Meer" erlernen;
spielerisch die Formen und den Gebrauch des lateinischen Perfekts und Imperfekts Indikativ (in der Regel die 2. Pers. Sg.) wiederholen und konsolidieren – Repetitio est mater studiorum;
durch den aus der anachronistischen Spannung von "toter Sprache" und zeitgenössischen Phänomenen erzeugten Sprachhumor zusätzlich motiviert werden;
durch interdisziplinäres Arbeiten mit dem Fach Kunst in ihrer Kreativität gefördert werden.
Zielgruppe: 10. – 13. Klasse
Dauer: ad libitum
Sozialform: 3er-Gruppen
Material: 1 Spielblatt, 1 Spielfigur, 1 Würfel pro Gruppe; Spielkarten
Vorbereitung:
Je nach Größe der Klasse muss jeder Schüler eine bestimmte Anzahl von Karten wie folgt „herstellen“:

1) *S übersetzen mit Hilfe der angegebenen Vokabeln die lateinischen Situationen.*
2) *S überlegen sich nach Möglichkeit zusätzliche Strandsituationen und latinisieren sie mit Hilfe des Lehrers.*
3) *S versehen die* ***"Ereigniskarten"*** *mit weiteren Kommentaren (cf.* ***Appendix 1****) und komplettieren sie mit den passenden positiven oder negativen Anweisungen (cf.* ***Appendix 2****).*
4) *S markieren die Rückseite der beschriebenen Karten mit einem Fragezeichen* ***(?)****, mischen sie und stapeln sie mit der Rückseite nach oben.*
5) *Jeder S besorgt sich seine eigene Spielfigur und Farbe.*
6) *Wer zuerst die* ***6*** *würfelt, darf beginnen.*
7) *Sobald ein Spieler auf ein Feld mit einem Fragezeichen kommt, nimmt er eine Ereigniskarte vom Stapel, liest den lateinischen Text laut vor und befolgt die jeweilige Anweisung.*
8) *Der S, der als erster* ***"Destinatum"*** *erreicht, hat gewonnen.*

Appendix 1: Ergänzende Kommentare für Ereigniskarten

- Bellissime fecisti / factum! *Sehr schön gemacht!*
- Probe factum! *Gut gemacht!*
- Male factum! *Schlecht gemacht!*
- Laudo! Optime! *So ist's recht! Prima!*
- Omni laude dignum! *Ausgezeichnet!*
- Ingeniose! Ingeniosissime! *(Ganz) wunderbar!*
- Attonitus /-a sum! *Ich bin baff!*
- Gratulor tibi! *Ich gratuliere!*
- Vehentissime commoveor. *Ich bin zutiefst bewegt.*
- Fabulae! *Unfug!*
- Quas fabulas! *So ein Unfug!*

- Hoc certe non impune feres! *Das wirst du büßen!*
- Non iniuria hoc tibi accidit! *Das geschieht dir recht!*
- Qui verba contemnit, ipsa re corrigitur. *Wer nicht hören will muss fühlen!*
- Haec est rerum humanarum condicio! *So läuft es nun mal im Leben!*
- Hoc tibi solacio sit. *Das soll dir ein Trost sein.*
- Doctus cavebis. / Ipsa re corrigeris. *Durch Schaden wirst du klug werden*
- Quid hoc novae rei est? *Was fällt dir ein?*
- Quidnam tu hominis es?! *Was bist du doch für ein Mensch?*
- Vix crediderim! / Vix credendumst! *Kaum zu glauben!*
- O facinus indignum! / O rem indignam! *Empörend ist das!*
- Ut semper tui similis es! *Das sieht dir wieder ähnlich!*
- Satin' sanus /-a es? *Bist du noch bei Trost?*
- Nonne te pudet? *Schämst du dich nicht?*
- Heu te miserum / miseram! *Oh weh, du Arme/r!*
- Res peiores eveniunt! *Es gibt Schlimmeres!*
- O hominem felicem! *Hast du ein Glück!*
- Vae misero/-ae tibi! *Ach, du Arme/r!*
- Qui hic est mos!? Was ist das für eine Art?!

Appendix 2: Anweisungen

- Vade retro / redi / recede usque ad initium!
- Unum passum refer!
- Iter tibi semel / bis / ter / quater / quinquies / sexies intermittendum est.
- Fac duos / tres / quattuor / quinque / sex passus referas!
- A Fortuna derelictus/-a es. Incipe de integro!
- Tibi a principio / denuo incipiendum est!
- Iter intermitte dum alea iacta sextum numerum indicaverit!
- Fortuna tibi favet. Transili tres / quinque / septem quadrata!
- Procede duo / quattuor / sex quadrata transiliens!
- Fac procedas quinque quadrata transiens / praeteriens / transiliens!
- Tibi licet octo / decem passus proferre.
- Tibi licet aleam bis iacere.
- Aleam bis / ter / quater / quinquies / sexies iacta!
- Profer tres passus!
- Potestatem habes duorum / trium / quattuor passuum proferendorum!
- Amicis colludentibus ursulum cummeum dono da.

intermittere – aussetzen; derelinquere derelinquo, liqui, lictum – verlassen, im Stich lassen; transilire – überspringen; proferre, profero,tuli, latum – vorwärts gehen; ursulus cummeus – Gummibärchen

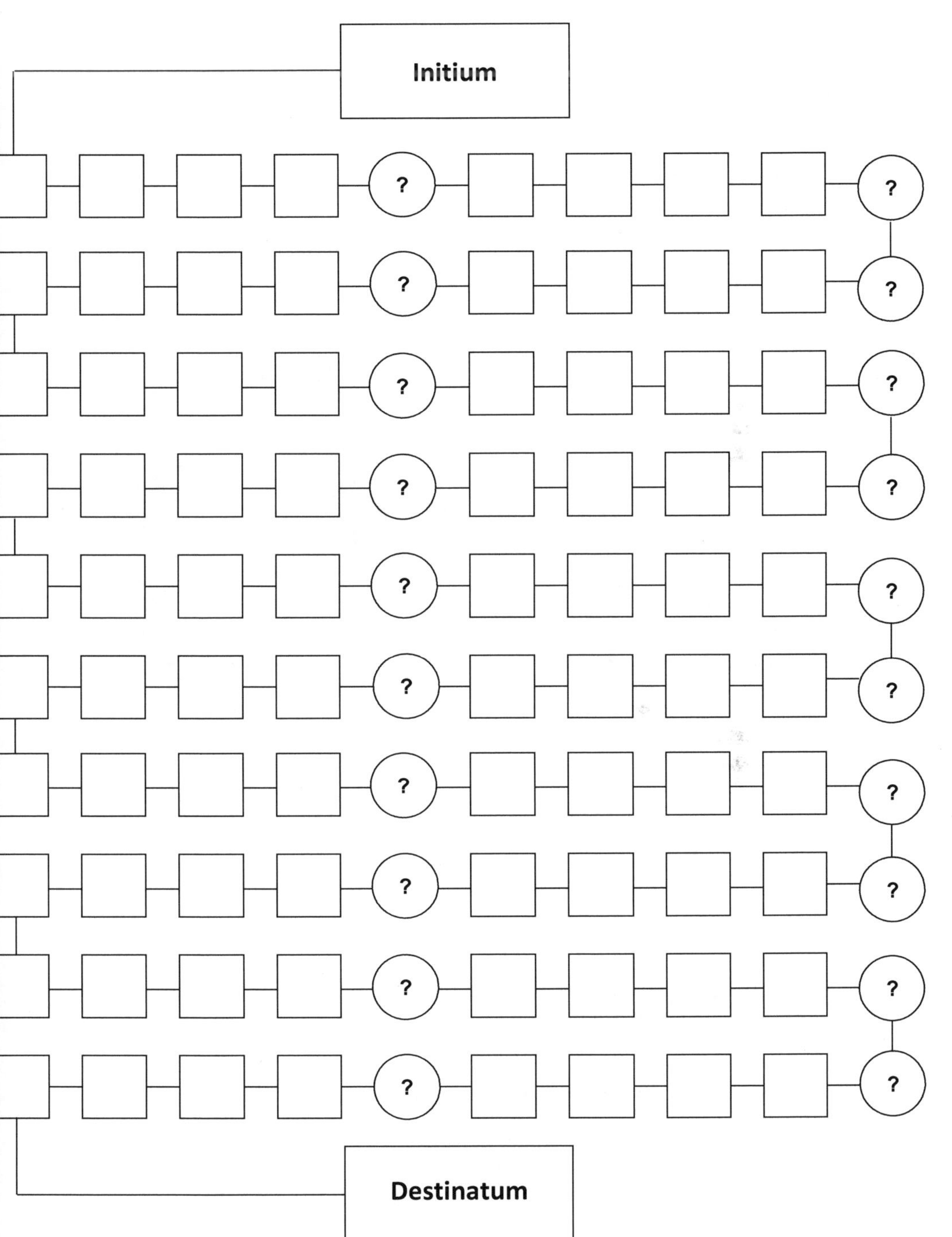
Initium
?
?
?
?
?
?
?
?
?
?
?
?
?
?
?
?
?
?
?
?
Destinatum

Ereigniskarten

1) Sueca coma colore platinico tincta ornata, quae apricabatur, te rogavit, ut tergum ei oleo solari ungeres. Quod libentissimo, scilicet, animo fecisti.

   Sueca *Schwedin* coma *Haar* colore platinico tinctus *platinblond gefärbt* (tingere, tingo, tinxi, tinctum *färben*) apricari *sich sonnen* oleum solare *Sonnenöl* ungere, ung(u)o, unxi, unctum *hier: einölen* libentissimo animo *sehr gerne* scilicet (Adv.) *natürlich*

2) O te hominem hebetissimum! In mari turbido natavisti postquam largius te invitavisti.

   hebes, etis *dumm, blöde* turbidus *aufgewühlt* natare *schwimmen* largius se invitare *reichlich Alkohol trinken*

3) Phui! Canis tuus bellam Danam, quae sub umbella solari iacebat et relaxationem corporis et animi quaerebat, urina aspersit. Qui et in amicum feminae, qui paginas periodici versabat, minxit.

   canis, is m *Hund* Dana *Dänin* umbella (solaris) *Sonnenschirm* relaxatio, onis f *Erholung* aspergere, aspergo, aspersi, aspersum *bespritzen* periodicum *Zeitschrift* pagina *Seite* paginas versare *Seiten durchblättern* mingere, mingo, minxi, min(c)tum *harnen*

4) Legisti laminam insculptam "Nudandi corporis fautores non admittuntur". Tamen vestem tibi detraxisti et plane te nudavisti. Pro pudor!

   lamina *hier: Schild* insculpere, insculpo, sculpsi, sculptum *einschnitzen, einmeißeln* fautor, oris m *hier: Fan* detrahere, detraho, traxi, tractum *(vom Leib) reißen* plane (*Adv.*) *komplett* se nudare *sich entblößen* pro (*Int.*) *oh* pudor, oris m *Schmach, Schande*

5) Studiorum universitatis alumnam vix adultam, quae in acta tolutim cursitando corpus exercebat, supplantavisti.

   studiorum universitatis alumna *Studentin* vix adultus *kaum erwachsen* acta *Meeresstrand* tolutim cursitare *joggen* supplantare aliquem *jdm. ein Bein stellen*

6) Quae audacia! Cum venditore, qui glaciem edibilem et potiones nivatas venditabat, in certamen descendisti!

   audacia *Kühnheit, Frechheit* venditor, oris m *Verkäufer* glacies, ei f edibilis *Eiscreme* potio (-onis f) nivata *Eisgetränk* venditare *verkaufen wollen* certamen, inis n *Streit* descendere, descendo, scendi, scensus *hier: sich einlassen auf*

7) Sororculam tuam septem annos natam na(ta)ndi nondum peritam sub aqua summersisti. Stultissime factumst a te!

   soror(cula) *Schwesterchen(chen)* na(ta)re *schwimmen* peritus *kundig* summergere, summergo, mersi, mersum *untertauchen* stultus *dumm*

8) In aquam mersus bellam Francogallam, quae supino corpore natabat, titillavisti et in terrorem coniecisti. Putavit te monstrum marinum esse.

mergere, mergo, mersi, mersum *untertauchen* Francogallus *Franzose* supinus *rücklings* titillare *kitzeln* in terrorem conicere, conicio, ieci, iectum *in Schrecken versetzen* monstrum marinum *Seeungeheuer*

9) Stipula exhausisti situlam, quae potione mixta Hispanica "sangria" dicta completa erat. Quo facto crapulam in (h)arena actae edormivisti.

stipula *Strohhalm* exhaurire, exhaurio, hausi, haustum *trinken* situla *Eimer* potio mixta Hispanica *Sangria* crapula *Rausch* acta *Strand* (h)arena *Sand*

10) Trunce! Non multum afuit, quin magistrae Germanicae linguam Latinam docenti, quae lavationem in mari faciebat, tabula fluctivaga caput amputares!

truncus *Idiot* non multum afuit, quin *es hätte nicht viel gefehlt* magistra *Lehrerin* lavationem facere *baden* tabula fluctivaga *Surfbrett* caput alci amputare *enthaupten*

11) Summae levitatis est nartis aquatilibus in aquis pristibus refertis (redundantibus) prolabi. Tamen prolapsus (-a) es!

summa levitas, atis f *sträflicher Leichtsinn* narta aquatilis *Wasserski* prolabi, labor, lapsus sum *vorwärts gleiten* pristis, is m *Hai* refercire, refercio, fersi, fertum *anfüllen* / redundare *im Überfluss haben*

12) Satin' sanus/-a es? Pistolio tuo aquivomo feminam mediae aetatis, quae in culcita inflatili iacens meridie conquiescebat, aqua frigida sparsisti. Cui magnum terrorem incussisti / intulisti!

satin' = satisne sanus *(noch) bei Sinnen* pistolium aquivomum *Wasserpistole* culcita inflatilis *Luftmatratze* meridie conquiescere, conquiesco, evi, (etum) *Siesta halten* spargere, spargo, sparsi, sparsum *besprengen* terrorem incutere, incutio, cussi, cussum / inferre, infero, intuli, illatum *Schrecken einjagen*

13) Hominibus verus (-a) amicus (-a) es. Aniculam sella rotali vehentem, cui ossa et artus dolebant, manibus tuis ad aquam portavisti et in eam deposuisti.

anicula *altes Mütterchen* sella rotalis *Rollstuhl* os, ossis n *Knochen* artus, us m *Gelenk*

14) O te asinum/-am! De scopulo triginta pedes alto in undas maris te praecipitavisti! Non multum afuit, quin cervices tuae frangerentur.

asinus *Esel* scopulus *Klippe* triginta *dreißig* unda *Welle* se praecipitare *sich stürzen* cervix, icis f *Genick* frangere, frango, fregi, fractum *brechen*

15) Impransus/-a in fluctibus maris natavisti. Quod periculosissimum est!

impransus *ohne Frühstück, nüchtern*

16) Inquinator (-trix) oecologicus (-a) es. Actam et aquam maris purgamentis tuis: ciccis nicotianarum fistularum, cucullis papyraceis, ampullis vitreis vacuis, solanis more Francogallorum frictis, multis ceteris spurcavisti / inquinavisti.

inquinator, oris m oecologicus / inquinatrix (-icis f) oecologica *Umweltverschmutzer/in* purgamentum *Unrat, Hinterlassenschaften* ciccum *Stummel* fistula nicotiana *Zigarette* cucullus papyraceus *Papiertüte* ampulla *Flasche* vitreus *aus Glas* solana (-orum n) fricta *Pommes frites* spurcare, inquinare *verunreinigen*

17) Legisti interdictum in titulo metallico publice affixo magnis litteris scriptum: "Noli litus polluere!" Sed tamen eam tuis purgamentis polluisti!

interdictum, i n *Verbot* titulus *Schild* affigere, affigo, fixi, fixum *anheften* litus, oris n *Strand* purgamenta, orum n *Müll* polluere, polluo, lui, lutum *verunreinigen*

18) Hispanam, cui maritus comitem se dabat (se praebebat, se adiungebat), lacessere conatus/-a es. Quae insolentia infanda!

Hispana *Spanierin* maritus *Ehemann* alci se comitem dare/praebere/adiungere *jdn. begleiten* lacessere, lacesso, ivi (ii), itum *reizen, necken* conari *versuchen* insolentia infanda *unerhörte Frechheit*

19) Pervigilationes nocturnas in acta agere non licitum, poena dignum est. Tu tamen pervigilationem agitavisti atque magnum strepitum edidisti.

pervigilatio, onis f *Nachtfeier* licitus *erlaubt* poena dignus *strafbar* strepitum (strepitus, us m) edere, edo, edidi, editum *Radau machen*

20) Sole urente corpori humano cottidie tribus saltem litris aquae opus est. Tu quattuor aut quinque litras bibisti. Quod vere laudandum est!

urere, uro, ussi, ustum *brennen* cottidie *täglich* saltem (Adv.) *mindestens* litra *Liter* bibere, bibo, bibi *trinken*

21) O tempora, o mores! Castellum a parvulo magno cum amore arena molli aquaque marina constructum pedibus delevisti. Et quod peius: consulto fecisti! Nonne te pudet?!

castellum *Burg* arena *Sanderde* mollis, e *weich* delere, deleo, levi, letum *zerstören* peius *schlimmer* consulto (Adv.) *absichtlich* pudere, pudeo, pudui *sich schämen*

22) Urticae marinae tentacula dolorem urentem commoventia habent. De te ipse / ipsa expertus (-a) es. Urticam crure tetigisti, cum folle aquatili cum amiculis tuis luderes.

urtica marina *Seenessel* urere, uro, ussi, ustum *brennen* experiri, experior, expertus sum *erproben* crus, cruris n *Schenkel* follis, is m aquatilis *Wasserball* ludere, ludo, lusi, lusum *spielen*

23) Adiuva(vi)sti pusionem, qui in acta sedebat castellumque (h)arenae construebat et conchis, silicibus, algis adornabat.

adiuvare *helfen* pusio, onis m *Knäblein* (h)arena *Sand* construere, construo, struxi, structum *bauen* concha *Muschel* silex, icis m + f *Kieselstein* algae, arum f *Tang*

24) Avum tuum in (h)arenam pala infodisti. Miserandum hominem, qui inclamabat et eiulabat, effodere autem oblivioni dedisti.

avus *Großvater* (h)arena *Sand* pala *Schaufel* infodere, infodio, fodi, fossum *eingraben* inclamare *um Hilfe rufen* eiulare *laut schreien* oblivioni (oblivio, onis f) dare, do, dedi, datum *vergessen*

25) Vetula ventriosa in culcita inflatili (=aëre inflata) iacebat et aenigmata reticulata solvebat. Feminae, quae nihil mali opinabatur, obrepsisti et in culcitam eius acum infixisti.

vetula *alte Frau* ventriosus *dickleibig* culcita *Matratze, Kissen* aër, aëris m *Luft* inflare *hineinblasen* aenigmata (aenigma, atis n) reticulata *Kreuzworträtsel* solvere, solvo, solvi, solutum *lösen* opinari *ahnen* obrepere, obrepo, repsi, reptum *sich anschleichen* acus, us f *Nadel* infigere, infigo, fixi, fixum *hineinbohren*

26) Adulescentis in sella reclini dormitantis pilleum balnearium, amiculum balnearium, mantelium balnearium, vesticulam balneariam Bikinianam, calceos gymnicos, vitra urinatoria, pinnas natatorias furatus/-a es / surripuisti!

sella *Stuhl* reclinis, e *rückwärts gebogen* sella reclinis *Liegestuhl* pilleus balnearius *Bademütze* amiculum balnearium *Bademantel* mantelium balnearium *Badetuch* vesticula balnearia Bikiniana *Bikini* calceus gymnicus *Turnschuh* vitra (-orum n) urinatoria *Taucherbrille* pinnae natatoriae *Schwimmflossen* furari *stehlen* surripere, surripio, ripui, reptum *entwenden*

27) Oculos excitabilissimos habes. Quos autem minime – quacumque de causa – perspicillis solaribus contra radios acerrimos solis protexisti.

excitabilis, e *reizbar* perspicilla (-orum n) solaria *Sonnenbrille* radius *Strahl* acer, acris, acre *grell* protegere, protego, texi, tectum *schützen*

28) Non ignorabas radios perviolaceos cutem humanam damno afficere. Tamen corpus quasi nudum Phoebo septem horis amplius obiecisti / exposuisti. Quod, mihi crede, haud inultum feres!

radii perviolacei *UV-Strahlen* cutis, is f *Haut* damno (< damnum) afficere, afficio, feci, fectum *schädigen* Phoebus *Sonne(ngott)* obicere, obicio, ieci, iectum / exponere, expono, posui, positum *hier: aussetzen* ulcisci, ulciscor, ultus sum *strafen*

29) Scaphulam vi pedum agendam conduxisti. Quam autem possessori, qui iusto iure saeviebat, non rettulisti.

scapha *Boot* conducere, conduco, duxi, ductum *mieten* saevire *wütend sein* referre, refero, rettuli, relatum *zurückbringen*

30) Hibernae formosae ephelidibus conspersae unguentum, quo contra adustionem solarem utimur, commodavisti.

Hiberna *Irin* formosus *hübsch, wohlgestaltet* ephelis, idis f *Sommersprosse* conspergere, conspergo, spersi, spersum *„bestreuen"* unguentum *Salbe* adustio (-onis f) solaris *Sonnenbrand* commodare *überlassen*

31) Magnam liquoris copiam bibisti / potavisti. Quod fieri, ut omnes nos scimus, necesse est, ne corpus soli urenti expositum exsiccet.

liquor, oris m *Flüssigkeit* bibere, bibo, bibi *trinken* exponere, expono, posui, positum *aussetzen* exsiccare *austrocknen*

32) Umbraculum tuum pandisti, quod sol urebat radiique solares, quibus expositus/-a eras, carcinogeni sunt.

umbraculum *Sonnenschirm* pandere, pando, pandi, passum (pansum) *aufspannen* urere, uro, ussi, ustum *brennen* radius *Strahl* solaris, e *Sonnen-* carcinogenus *krebserregend*

33) In acta balneari semper venustissimae feminae et viri attractivi inveniuntur. Apportavisti aliquot tegumenta cummea Contonensia dicta ad praegnationem vitandam adque morbos venereos obstandos. Sapientissime factum!

acta (-ae f) balnearis *Badestrand* tegumentum cummeum Contonense *Kondom* praegnatio, onis f *Befruchtung* morbus venereus *Geschlechtskrankheit* obstare, obsto, steti, (staturus) *entgegenstehen, vorbeugen* sapiens, entis *weise*

34) Scapha inflatilis parvae Polonae nandi imperitae (= quae na(ta)re non sciebat) a homine agresti subversa est. Facinus observavisti miseraequae puellae obviam natavisti et eam bracchiorum vi ex aquam ad ripam traxisti.

scapha inflatilis *Schlauchboot* na(ta)re *schwimmen* imperitus *unkundig* homo (-inis m) agrestis *Rüpel* subvertere, subverto, versi, versum *umstoßen* obviam na(ta)re *entgegenschwimmen* bracchium *Arm* ripa *Ufer* trahere, traho, traxi, tractum *ziehen*

35) Parvula in fluctibus peritura te angelum tutelarem habebat. E fluctibus eam servavisti. Quo facto basium salutiferum ei dedisti, per os animam inflavisti, ad novam vitam eam suscitavisti.

parvulus *klein* fluctus, us m *Flut, Strömung* angelus tutelaris *Schutzengel* basium *Kuss* inflare *hineinblasen* salutifer, fera, ferum *heilbringend* suscitare *erwecken*

36) Homo providus et providens veneno insectis internecivo corpus tuum aspersisti, ne culices te pungerent.

providus *umsichtig* providere, provideo, visi, visum *vorsehen* venenum *Gift* internecivus *vernichtend* aspergere, aspergo, spersi, spersum *bespritzen* culex, icis m *Schnake, Mücke* pungere, pungo, pupugi, punctum *stechen*

37) Eheu te stultulam! Semel tantum nocte stellis clarata cum iuvene, qui tentorium iuxta tuum incolebat, stuprum fecisti. Nunc gravida es! //
Eheu te stultulum! Semel tantum nocte stellis clarata cum iuvene, quae tentorium iuxta tuum incolebat, stuprum fecisti. Nunc gravida est!

stultula *Dummerchen* semel tantum *nur einmal* nox stellis clarata *sternenerhellte Nacht* iuvenis, is m+f *junger Mann, junge Frau* tentorium *Zelt* incolere, incolo, colui, cultum *bewohnen* stuprum *außerehelicher Beischlaf* gravidus *schwanger*

38) O te infelicem! Pedem in echino posuisti. Quae certe res molestissima et dolorosa est. Me tui miseret(ur).

infelix, icis *Unglücksrabe* echinus *Seeigel* molestus *lästig* misereri, misereor, miseritus sum *leid tun*

39) O hominem generosum! Magistro natandi, qui te artem alternis bracchiis et papilionum more natandi docebat, corollarium dedisti.

generosus *großzügig* alternis bracchiis natare *kraulen* papilio, onis m *Schmetterling* corollarium *Trinkgeld* generosus *großzügig*

40) Actam balnearem sordibus, squalore, caeno canino consitam purgavisti. Quas omnes res fastidium creantes in excipula purgamentaria immisisti. Quod summa laude dignum est.

acta balnearis *Badestrand* sordes, is f *Schmutz* squalor, oris m *Dreck* caenum caninum *Hundekot* conserere, consero, sevi, situm *besäen* purgare *säubern* fastidium creans *ekelerregend* excipulum purgamentarium *Abfallbehälter* immittere, immitto, misi, missum *hineintun*

41) Alienigena Britannicus fluctibus summersus / obrutus esset, nisi serpentem balnearem tuum e cummi factum Anglice “pool noodle” dictum ei dedisses.

alienigena, ae m *Ausländer* summergere, summergo, mersi, mersus *untertauchen, versenken* obruere, obruo, rui, rutum *überschütten* serpens (-entis f+m) balnearis *Badeschlange,* cummi (ind.) *Gummi* Anglice *auf Englisch*

42) De banana cummea fluctivaga lingua Britannorum Americanorumque “banana boat” appellata (de) improviso decidisti. Iure plecteris! Nimio enim vischio te invitaveras.

cummeus *aus Gummi* fluctivagus *schwimmend (*de) improviso *unversehens* decidere, decido, cidi *herabfallen* plecti, plector *büßen, leiden* iure (< ius, iuris n) *zu Recht* vischium *Whiskey* se invitare *sich gütlich tun* nimius *zu sehr, zu viel*

43) Pedes madidos mantelio non siccavisti antequam calceos gymnicos sumpsisti. Nunc pedes tui mycose affecti sunt, morbo fungino, o funge!

madidus *nass* mantelium *Handtuch* siccare *trocknen* calceus gymnicus *Turnschuh* sumere, sumo, sumpsi, sumptum *anziehen* mycosis, is f / morbus funginus *Pilzkrankheit* fungus *(Schimpfwort) Dummkopf*

44) Amici tui te monuerunt, ne anemoplano avium more per aëra volares. Monitum autem ventis tradidisti, nil curavisti. Prope fuit, ut de caelo in mare corrueres!

monere, moneo, ui, itum *warnen* anemoplanum *Drachen* volare *fliegen* monitus, us m *Warnung* ventis tradere, trado, didi, ditum *in den Wind schlagen* nihil curare *nicht beachten* corruere, corruo, rui, (ruiturus) *fallen*

45) Puellam decem annos natam desperate in mari nantem surarum spasmo / rigore nervorum correptam conspexisti. Nulla interposita mora navicula automataria vehendo eam ad litus vexisti.

desperatus *verzweifelt* nare *schwimmen* sura *Wade* spasmus / rigor (-oris m) nervorum *Krampf* corripere, corripio, ripui, reptum *ergreifen, befallen* nulla interposita mora *unverzüglich* navicula automataria *Motorboot* vehere, veho, vexi, vectum *fahren, bringen*

46) Folle pugil(l)atorio cum amicis ferias agentibus lusisti, nubes pulvereas pedibus movisti. Quod rusticantibus valde displicuit.

follis, is m pugil(l)atorius *Faustball* ludere, ludo, lusi, lusum *spielen* nubes, is f *Wolke* pulvis, pulveris m + f *Staub* rusticans, antis *Urlauber* displicere, displiceo, ui, (itum) *missfallen*

47) Pulcherrimarum (-orum) feminarum (virorum) omnium in acta versantium tu Regina (Rex) Litoralis electa (-us) es. Caput inclinamus!

pulcher, ra, rum *hübsch* acta *Strand* versari *sich aufhalten* regina litoralis *Strandkönigin* inclinare *verneigen*

48) O probam virgunculam! Repudiavisti mulierarium insolentem a via recta te aversurum, concubitum petiturum. //
O probum iuvenem! Repudiavisti feminam virosam a via virtutis te aversuram.

probus *sittsam, brav* virguncula *Fräulein* repudiare *zurückweisen* mulierarius *Schürzenjäger* insolens, entis *unverschämt* avertere, averto, verti, versum *ablenken* concubitus, us m *Beischlaf* virosus *mannstoll*

49) Tempestas cooriebatur. Tamen tabula velifera vehendo altum petivisti. Quae res stupidissima et periculosissima fuit!

tempestas, atis f *Gewitter* cooriri, coorior, ortus sum *entstehen* tabula velifera *Surfbrett* altum *das offene Meer* stupidus *dumm* periculosus *gefährlich*

50) Puerulum quinque annorum adiuvavisti ad anatem cummeam inflandam. Recte fecisti!

puerulus *Jüngelchen* anas (anatis f) cummea *Gummiente* inflare *aufblasen* adiuare *helfen*

51) More virorum Californiensium suspiriorum feminarum in saltando corpus vestibus privavisti. Erubesce!

suspirium *Seufzer, hier: Schwarm* saltare *tanzen* privare *entblößen, berauben* erubescere, erubesco, rubui *erröten*

52) Legisti scriptum *Canes minime admittuntur*. Tamen Valdemarium canem Pomeranum tecum duxisti!

legere, lego, legi, lectum *lesen* admittere, admitto, misi, missum *zulassen* Valdemarius *Waldemar* canis Pomeranus *Spitz*

53) Vespa te dulcem melonem edentem momordit.

vespa *Wespe* dulcis, e *süß* melo, onis m *Melone* edere, edo, edi, esum *essen* mordere, mordeo, momordi, morsum *stechen*

54) Apis mellifica te gelidam sorbitionem lingentem pupugit.

apis, is f *Biene* mellificus *Honig-*; gelida sorbitio (-onis f) *Eiscreme* lingere, lingo, linxi, linctum *schlecken* pungere, pungo, pupugi, punctum *stechen*

55) Puella Francogallica, quae natandi haud perita erat, fluctibus summergebatur, bracchia tollebat, "subvenite mihi" clamabat. Tu clamores audivisti, in aquam insiluisti, miseram ex undis spumantibus extraxisti.

puella Franco-gallica *Französin* natare *schwimmen* peritus *kundig* summergere, summergo, mersi, mersum *untertauchen* bracchium *Arm* tollere tollo, sustuli, sublatum *emporheben* subvenire *helfen* insilire, insilio, lui *hineinspringen* miser, era, erum *unglücklich* unda *Welle* spumare *schäumen* extrahere, extraho, traxi, tractum *herausziehen*

56) Qui hi sunt mores! Iacobus Russellus canis tuus aviolam in litore spatiantem morsu vulneravit / dente laesit.

Iacobus Russellus canis *Jack Russell* aviola *Großmütterchen* spatiari- *spazieren* morsus, us m *Biss* vulnerare *verwunden* dens, dentis m *Zahn* laedere, laedo, si, sum *verletzen*

57) Litus masticatoriis, quae manducavisti et abiecisti, polluisti.

masticatorium *Kaugummi* manducare *kauen* polluere, polluo, lui, lutum *verunreinigen*

58) Te recreavisti grammatica Latina discenda. Sic itur ad astra!

se recreare *sich erholen* discere, disco, didici *lernen* astrum *Stern* astra, orum n *Unsterblichkeit, Ruhm*

59) Puellam Batavam, quae fluctibus obruebatur, e mari turbido servavisti eique vitam reddidisti / eiusque vitam restituisti.

Batavus *holländisch* obruere, obruo, rui, rutum *versenken, überschütten,* turbidus *aufgewühlt* vitam alci reddere / vitam alcs restituere *wiederbeleben*

60) Discipulam Bavaricam turbavisti, quae librum Latinum a C.C. Buchner editum „Cantando discimus" inscriptum secum habebat et legebat et e hoc legendo magnam voluptatem capiebat.

Bavaricus *bayrisch* edere, edo, didi, ditum *herausgeben* voluptas, atis f *Vergnügen*

61) Sol nimis urebat. Tu solem autem vitavisti: umbellam pandisti, qua umbella cutem mollem protegebas.

nimis *(Adv.) allzu sehr* urere, uro, ussi, ustum *brennen* umbella (solaris) *Sonnenschirm* cutis, is f *Haut* pandere, pando, pandi, passum (pansum) *aufspannen* mollis, e *hier: empfindlich* protegere, protego, texi, tectum *schützen*

62) O te hominem exemplarem! Cum amicis tuis, qui tecum ferias aestivas agebant, cottidie Latine locutus es.

feriae aestivae *Sommerferien*

63) Potione mixta Hispanica sangria dicta te obruisti et in aquam maris turbidi insiluisti. O sancta stupiditas!

potio, onis f *Getränk* miscere, misceo, miscui, mixtum *mischen* obruere, obruo, rui, rutum *überschütten* turbidus *unruhig, stürmisch* insilire, insilio, silui *hineinspringen* stupiditas, atis f *Dummheit*

64) Eheu te miserandum/-am! Medusas, quibus mare Mediterraneum abundabat, femore attigisti. Quod valde doluit.

eheu! *ach!* miserandus *bedauernswert* medusa *Qualle* mare Mediterraneum *Mittelmeer* abundare *im Überfluß haben* femur, oris n *Oberschenkel* attingere, attingo, tigi, tactum *streifen, berühren*

65) Te vere pessime gessisti – more truncorum Ballermannensium! Stultorum infinitus est numerus!

se gerere, me gero, gessi, gestum *sich verhalten, benehmen* truncus *Klotz, Rüpel*

66) Tempestas cooriebatur. Vasa ilico collegisti et in deversorium reversus / -a es.

tempestas, atis f *Gewitter* cooriri, coorior, coortus sum *entstehen, im Anzug sein* vas, vasis n *Gefäß* vasa (vasorum n) colligere, colligo, legi, lectum *aufbrechen* ilico (Adv.) *auf der Stelle* deversorium *Hotel*

67) Amiculam amici intimi clam, post tergum eius, osculatus es. Quidnam tu amici es? Hoc maius quam ignosci possit!

amicula *kleine Freundin* amicus intimus *Busenfreund* clam *(Adv.) heimlich* tergum *Rücken* osculari *küssen* ignoscere, ignosco, gnovi, gnotum *verzeihen* hoc maius quam ignosci possit *das ist unverzeihlich*

68) Parvulae trium annorum, quae effusissime flebat quod pupam suam in litore perdiderat, solacium praebuisti.

parvula *Kleine* effusus *aufgelöst* pupa *Puppe* perdere, perdo, didi, ditum *verlieren* solacium *Trost*

69) Anaticulam cummosam perforatam puellulae refecisti et inflavisti.

anaticula cummosa *Gummientchen* perforare *durchlöchern* reficere, reficio, feci, fectum *reparieren* inflare *aufblasen*

70) Pedifollem pueruli, qui effuse lacrimabat, ex aqua exprompsisti.

pedifollis, is m *Fußball* puerulus *Knäblein* effusus *aufgelöst* expromere, expromo, prompsi, promptum *herausholen*

71) Te conspexi in sabulo actae iacentem Caesaris „De Bello Gallico" legentem. Te vereor!

sabulum *Sand* legere, lego, legi, lectum *lesen* vereri, vereor, veritus sum *hochachten*

72) Omnes in bracchiis Morphei iacebant, dormiebant, stertebant, somniabant. Tu quietem noctis ululatu terribili turbavisti. Quod ignoscendum non est.

bracchium *Arm* Morpheus *Gott des Schlafes* stertere, sterto *schnarchen* somniare *träumen* quies, etis f *Ruhe* ululatus, us m *Geheul, Geschrei* terribilis, e *schrecklich* turbare *stören* ignoscendum *verzeihlich*

73) Cithara tua pravissime cecinisti nervosque aurium rusticantium vexavisti!

cithara *Gitarre* pravus *verkehrt, verschroben* canere, cano, cecini, cantatum *spielen* vexare *erschüttern, quälen*

74) O te miserum/-am! In acta iacens obdormivisti et sol cutem tuam torruit.

obdormire *einschlafen* cutis, is f *Haut* torrere, torreo, torrui, tostum *rösten*

75) O te infelicem! Sub palma meridiationem dabas et dormiens animo bellam puellam, quae te basiabat / osculabatur, videbas. Subito nux coci de arbore decidit et caput tuum laesit.

meridiationem dare, do, dedi, datum *Siesta machen* dormiens animo videre *träumen von* basiare / osculari *küssen* nux (nucis f) coci *Kokosnuss* arbor, oris f *Baum* decidere, decido, cidi *herabfallen*

76) In saltando veste deposita corporis formam proposuisti! Quod coram publico fecisti! Tuo loco pudore conficerer!

saltare *tanzen* vestem (<vestis, is f) deponere, depono, posui, positum *sich entkleiden* proponere, propono, posui, positum *zur Schau stellen* pudore (-oris m) confici *sich zu Tode schämen*

77) Phui! Canis aquaticus, quem illicite tecum habebas, in manteli peregrinae, quae pila volatica litorali ludebat, alvum exoneravit!

canis, is m *Hund* canis aquaticus *Pudel* illicitus *unerlaubt* mantele, is n *Handtuch* peregrina *Urlauber(in)* pila volatica litoralis *Beach-Volleyball* alvus *Darm* exonerare *entlasten*

78) Filtris sigarellorum suctorum inconsiderate abiectorum litus inquinavisti! Fac erubescas!

filtrum *Filter* sigarellum *Zigarette* sugere, sugo, suxi, suctum *saugen* inconsiderate (Adv.) *gedankenlos abicere, abicio, ieci, iectum* wegwerfen inquinare *verschmutzen* erubescere, erubesco, rubui *erröten*

79) Discipulum turbavisti, qui ferias aestivas agebat, diem apricum carpebat, sub umbraculo iacebat, gerundium et gerundivum linguae Latinae discebat. Quod nihil accusationis habet!

discipulus *Schüler* aestivus *Sommer-* apricus *sonnig* carpere, carpo, carpsi, carptum *pflücken, hier: nutzen* umbraculum *Sonnenschirm* discere, disco, didici *lernen* accusatio, onis f *Beschwerde*

80) Telephonulum „callidum“ dictum peregrinae Americanae, quae nil animadvertebat quod cum liberis suis folle manuali ludebat, surripuisti et vendidisti.

telephonulum callidum *Smartphone* animadvertere, verto, verti, versum *bemerken* follis (-is m) manualis *Handball* surripere, surripio, repsi, reptum *entwenden* vendere, vendo, didi, ditum *verkaufen*

81) Amiculae, quae ferias tecum agebat et iuxta te in arena litoris iacebat, pulchrum carmen amatorium composuisti eique dedicavisti. Non ignoras, quod feminae ament.

amicula *Liebchen* iuxta *neben* arena *Sand* carmen (-inis n) amatorium *Liebeslied* componere, compono, posui, positum *komponieren* dedicare *widmen*

82) Vetulam, quam fluctus maris obruebant quaeque magna voce "Auxilio!" clamabat, audacter e fluctibus servavisti. Quod facinus magnum fuit.

vetula *alte Frau* obruere, obruo, rui, rutum *versenken* magna voce (<vox, vocis f) *mit lauter Stimme* audax, acis *kühn, mutig* facinus (-oris n) magnum *Heldentat*

83) Media nocte “O mi sol” voce terribili crocitavisti et homines feriantes, qui iam dormiebant, e somno suscitavisti.

sol, is m *Sonne* vox, vocis f *Stimme* crocitare *krächzen* homo ferians, antis *Urlauber* e somno suscitare *aufwecken*

84) A duobus mulierariis pubescentibus Italice *papagallis,* Latine *psittacis* appellatis fatigata es. Miseratione digna es! /
A duabus feminis nymphomanicis fatigatus es. Miseratione dignus es!

mulierarius *Schürzenjäger* pubescere, pubesco, bui *heranwachsen* psittacus *Papagei* molestrare/fatigare *ermüden, hier: belästigen*

85) Canis tuus Dobermannianus pupum, qui conchas in sabulo iacentes indagabat, morsu laesit.

pupus *Bübchen* concha *Muschel* indagare *suchen* morsus, us m *Biss*

86) Quinque globulos cremae gelidae emisti, quos parvae puellae, quae singultiebat et flebat, dono dedisti.

globu(lu)s *Kugel* crema gelida *Eiscreme* emere, emo, emi, emptum *kaufen* singultire *schluchzen* flere, fleo, flevi, fletum *weinen*

87) Canis tuus adulescentis, qui in mari ranae more natabat, bonum panem Osmanicum carne agnina, cepis, iure ovis condito fartum furatus est et comedit.

ranae more natare *Brust schwimmen* panis Osmanicus *Döner* caro (carnis f) agnina *Lammfleisch* cepa *Zwiebel* ius (iuris n) ovis conditum *Mayonnaise* furari *stehlen* comedere, comedo, edi, esum *fressen*

88) Trahemesursum, dulciamen, lingua Italianorum “tiramisu” dictum, edebas, quod magnam copiam vesparum et bestiolarum foedarum alliciebat, quarum una te pupugit.

trahemesursum *Tiramisu* dulciamen, inis n *Süßigkeit* vespa *Wespe* bestiolae foedae *Ungeziefer* allicere, allicio, lexi, (lectum) *anlocken* pungere, pungo, pupugi, punctum *stechen*

89) Vomitavisti, quod totam situlam potionis Hispanicae mixtae plenam non intermittens exhausisti.

vomitare *sich erbrechen* situla *Eimer* potio (-onis f) Hispanica mixta *Sangria* non intermittens *ohne abzusetzen* exhaurire, exhaurio, hausi, haustum *leertrinken*

90) Vehiculo nartatorio inversa vi propulso vehendo puellis in mari folle aquatili ludentibus terrorem iniecisti.

vehiculum nartatorium (< narta *Ski*) inversa vi propulsum (< propellere, propello, pulsi, pulsum *antreiben*) *Jetski* follis (-is m) aquatilis *Wasserball* terrorem inicere, inicio, ieci, iectum *einen Schreck einjagen*

91) Oculos vitris solaribus et caput petaso stramentario optime protexisti contra radios solis valde perniciosos.

oculus *Auge* vitrum solare *Sonnenglas* petasus *Hut* stramentarius *aus Stroh* protegere, protego, texi, tectum *schützen* perniciosus *schädlich*

92) Cocum ascendisti nucesque de ea in rusticantem, qui acta picturata Alexandruli Springeri Hammaburgensis defuncti legebat, deiecisti virumque graviter laesisti.

cocus, i f *Kokospalme* nux, nucis f *Nuss* rusticans, antis *Urlauber* deicere, deicio, ieci, iectum *herabwerfen*

93) O hominem immundum! In mari vesicam exoneravisti, id est mare pipi faciendo polluisti. Nonne te pudet? Phui!

homo immundus *Ferkel* vesica *Harnblase* exonerare *entladen, entleeren* polluere, polluo, lui, lutum *verschmutzen, besudeln* pudere, pudeo, pudui *sich schämen*

94) Per summas undas tabula velifera tua vehebaris. Serpens maritimus venit, vidit, vicit.

unda *Welle* tabula velifera *Windsurfbrett* vehi, vehor, vectus sum *fahren* serpens, entis m+f *Schlange*

95) Amore formosae puellae incensus es, cum qua concubitum fecisti. Tu autem percautus fuisti: tegumento utendo te contra morbos venereos protexisti. /
Amore pulchri adolescentis incensa es, cum quo concubitum fecisti. Tu autem providisti, ut tegumento uteretur.

formo(n)sus *hübsch* amore incensus *verliebt* concubitum (<concubitus, us m) facere *beischlafen* providens *vorsichtig* tegumentum *Kondom* morbus venereus *Geschlechtskrankheit* providere, provideo, vidi, visum *Sorge tragen*

96) Tempestas cooriebatur. Fulgura micabant, fragores intonabant. Tu in mari natare perrexisti! Non multum afuit quin fulmine icereris!

tempestas, atis f *Gewitter* cooriri, coorior, ortus sum *im Anzug sein, aufziehen* fulgur, uris n *Blitz* micare *leuchten, funkeln* fragor, oris m *Donner* fragor intonat *es donnert* pergere, pergo, perrexi, perrectum *etwas weiterhin tun* fulmine (<fulmen, inis n) ici *vom Blitz getroffen werden*

97) Quae temeritas! Procella saeviente in mari natabas. Non multum afuit, quin fluctibus summergereris!

temeritas, atis f *Leichtsinn* procella *Sturm* saevire *wüten*

98) Spatiunculam cum amante in acta faciebas. Absente te fur machinulam telelocutoriam portatilem Germanice falso (!!!) "handy" dictam in culcita inflatili iacentem conspexit, surripuit, abiit, evasit.

spatiuncula *kleiner Spaziergang* amans, antis m *Freund, Geliebter* fur, furis m *Dieb* portatilis, e *tragbar* culcita inflabilis *Luftmatratze* surripere, surripio, ripui, reptum *entwenden* evadere, evado, vasi, vasum *entrinnen*

99) Zingara aetate provecta, quae ornamenta, ut dicebat, ex auro facta, venum dabat et quam custodes publici consectabantur, tibi horologium armillare, quod ex auro puro factum esse dixit, nimis magno pretio vendidit.

zingara *Zigeunerin* aetas (-atis f) provecta *fortgeschrittenes Alter* custos (-odis m) publicus *Polizist* consectari *fahnden nach* horologium armillare *Armbanduhr* nimis magno pretio *überteuert*

100) Animum adulescentis vicesimo anno minoris, quae aegritudine amoris laborabat, quod trossulus, vir corpore conspicuus, quem in discotheca cognoverat, eam deseruerat, erexisti. Laudo!

adulescens, entis f *junges Mädchen* vicesimus *der zwanzigste* aegritudo (-dinis f) amoris *Liebeskummer* m trossulus *Playboy* deserere, desero, serui, sertum *sitzenlassen* animum erigere, erigo, rexi, rectum *aufmuntern, die Moral heben*

101) O te feminam hebetissimam! Cum ancillario musculoso pectore piloso adornato feminarum suspirio aufugisti tuumque amantem, doctorem linguae Latinae, deseruisti.

hebes, etis *blöde* ancillarius *Schürzenjäger* pilosus *behaart*

102) Cutem – quid mirum – tamquam corium habes. Postquam hora amplius in solario assata es, actam balnearem appetivisti corpusque nudum rursus radiis solaribus exposuisti.

cutis, is f *Haut* corium *Leder* assare *schmoren*

103) Balneator a mente discessit. Viros autocurru valetudinario vehentes ad opem ferendam omni tempore paratos telephonice appellavisti.

balneator, oris m *Bademeister* a mente discedere, discedo, cessi, cessum *ohnmächtig werden* autocurrus valetudinarius *Krankenwagen* ops, opis f *Hilfe*

104) Magna voce cantavisti *Fusca nux est coryli* et *Corculum*, quibus canticis horribilissimis fugavisti et proterruisti pisces et laros maritimos.

fuscus *schwarzbraun* nux, nucis f *Nuss* corylus, i f *Haselstrauch* corculum *Herzilein* proterrere, proterreo, ui, itum *verscheuchen* larus maritimus *Seemöwe*

105) Bracchiola natatoria Caterinulae filiolae tuae adiunxisti priusquam in aquam insiluistis. Parvula quattuor annos nata enim natare nondum sciebat.

bracchiolum natatorium *Schwimmärmchen* adiungere, adiungo, iunxi, iunctum *anbinden* insilire, insilio, silui *hineinspringen*

106) In habitaculum mobile, quod Germanorum lingua "Wohnwagen" appellatur, media nocte invasisti et pecuniam et instrumentum magnetoscopicum clepsisti. Adulescentes Batavi, quibus erat habitaculum illud, eo tempore in spelunca saltatoria discotheca dicta versabantur. Saltabant, coca-colam sorbebant, lusorie amabant, noctem carpebant.

habitaculum mobile / cubiculum autocineticum *Wohnwagen* instrumentum magnetoscopicum *Videokamera* Batavus *Holländer* versari *sich aufhalten* sorbere, sorbeo, ui *schlürfen* lusorie amare *flirten*

107) Cum Mario amico penna volatica ludebas, identidem pennam trans rete pellebatis. Marius subito pedem offendit, ad terram afflictus est, duos dentes elidit. Solacium amico dedisti.

penna volatica *Federball* identidem *immer wieder* rete, is n *Netz* pellere, pello, pepuli, pulsum *schlagend in Bewegung setzen* pedem offendere, offendo, fendi, fensum *stolpern* ad terram affligi *zu Boden stürzen* elidere, elido, si, sum *hier: aussschlagen* solacium *Trost*

108) Globis ferreis lingua Francogallica *boules* appellatis cum amicis ludebas. Subito globus in pedem tuum delapsus est.

globus ferreus *Eisenkugel* delabi, delabor, lapsus sum *herabfallen*

109) Conchis auditoriis praeditus discos compactos musicos audiebas, cum bombus ingens advolavit et aculeo te pupugit. Collapsum allergicum subisti.

concha auditoria *Hörmuschel, Kopfhörer* praeditus *ausgerüstet* bombus *Hummel* ingens, entis *riesengroß* aculeus *Stachel* pungere, pungo, pupugi, punctum *stechen* collapsus, us m allergicus *Allergieschock* subire, subeo, ii, itum *befallen*

110) Scapha vitrea vehebaris. Bellissima voce tua omnes delectabas. In hac scapha et Bohlen, moderator spectaculi televisifici GSQ (*Germania Superstellam Quaerit*) inscripti versabatur. Animum eius in te convertisti.

scapha vitrea *glassbottom boat* vehi, vehor, vectus sum *fahren* spectaculum televisificum *Fernsehshow* animum alcs in se convertere, converto, verti, versum *auf sich aufmerksam machen*

111) Ars longa, vita brevis: Latrinulam mobilem in acta statutam imagunculis nitidis excoluisti.

latrin(ul)a mobilis *Toi-Box* statuere, statuo, ui, utum *aufstellen* imaguncula *Bildchen* nitidus *nett* excolere, excolo, colui, cultum *schmücken, verschönern*

112) Magnus canis excrementarius dictus alvum in arena exoneravit. O te hominem calamitosum! Pedem in excremento imposuisti.

canis excrementarius *(hum.) Shitbull* alvus (-i, n) exonerare *seine Notdurft verrichten* homo calamitosus *Pechvogel*

113) Cum amicis tuis pila volatica in sabulo ludebas. Subito pila a te iacta ex nihilo advolavit et caput apricantis necopinantis icit. Quod excusatione deprecatus/-a es.

pila volatica *Volleyball* sabulum *Sand* iacere, iacio, ieci, iactum *werfen* icere, ico, ici, ictum *treffen* apricari *sonnenbaden* necopinans, antis *ahnungslos* deprecari alqd excusatione *sich für etwas entschuldigen*

114) Ventrem obesi hominis sub palma crapulam edormiscentem corculis et flosculis versicoloribus pictis ornavisti. Artem non odit, nisi qui non novit!

venter, tris m *Bauch* obesus *wohlgenährt* crapula *Rausch* corculum *Herzchen* flosculus *Blümchen* odisse *hassen* novisse *kennen*

115) Puella vestibus monstrandis iam multa praemia tulisti. Hodie denuo palmam tulisti: Regina Bikiniana electa es. Tibi gratulor!

puella vestibus monstrandis *Model* praemium (-i n) ferre, fero, tuli, latum / palmam ferre *einen Preis gewinnen*

116) Aqua maris Aprili mense nimis frigida est. Tamen tribus horis amplius uno tenore in mari natavisti frigusque recepisti. Mirandumne id est?!

uno tenore *ununterbrochen* frigus (-oris n) recipere, recipio, cepi, ceptum *eine Erkältung bekommen* mirandum *verwunderlich*

117) Folle aquatili cum amicis tuis ludebas, cum caelum nubibus obscuratum tempestasque coorta est. Cum tonare et fulgere inciperet, constituisti ilico ex aqua exire. Sapientissime decrevisti.

follis (-is m) aquatilis (-e) *Wasserball* nubes, is f *Wolke* obscurare *verdunkeln* tempestas, atis *Gewitter* cooriri, coorior, ortus sum *entstehen* tonare *donnern* fulgere, fulgeo, fulsi *blitzen* constituere, constituo, ui, utum *beschließen* decernere, decerno, crevi, cretum *sich entscheiden*

118) O facinus indignum! Larus marinus naturae necessitati paruit amiculumque balnearium tuum polluit.

facinus, oris n *Untat* indignus *unwürdig* o facinus indignum *das ist empörend!* larus *Möwe* (naturae) necessitati parere *seine Notdurft verrichten* amiculum balnearium *Bademantel* polluere, polluo, lui, lutum *besudeln*

119) Undecim lagoenas potionis, quae Anglice "Sex on the beach", Latine "venus in litore facta" appellatur, potavisti solique urenti corpus nudum exposuisti.

lagoena, ae f *Flasche* potio,onis f *Getränk* potare *trinken* litus, oris n *Strand* urere, uro, ussi, ustum *sengen* venus, eris f (besser als: coitus, us m) *Liebe*

120) Meas accipe laudes! Sponsionem urinatoriam vicisti! Tria minuta temporis sub aqua mansisti. Amici tui bis terve ex aqua emerserunt ad animam recipiendam.

sponsio, onis f *Wette* urinator, oris m *Taucher* bis *zweimal* terve *oder dreimal* emergere, emergo, mersi, mersum *auftauchen* animam recipere *Luft holen*

121) Amica tua, quae intolerantia insectorum ictuum laborabat, a libella puncta est. Sine mora ministerium medicum praesentaneum cum ea appetivisti.

ictus, us m Stich ministerium medicum praesentaneum *ärztlicher Notdienst*

122) Vas gasarium diruptum est et habitaculum mobile periegetae Helvetici ignem concepit. Animo praesenti ignem apparatu exstinctorio exstinxisti.

vas (vasis n) gasarium *Gasflasche* habitaculum mobile *Wohnwagen* periegetes, ae m *Tourist* animo praesenti *geistesgegenwärtig* exstinguere, exstinquo, stinxi, stinctum *löschen*

123) Ancillarioli (lingua Italianorum "papagalli", Latina "psittaci" appellati) impudentes bellis puellis sub umbella acta picturata legentibus molesti erant. Tu eos fugavisti.

ancillariolus *Schürzenjäger* psittacus *Papagei* impudens, entis *aufdringlich* acta (-orum n) picturata *bebilderte Zeitung* alci molestum esse *jmd. belästigen* fugare *in die Flucht schlagen*

124) Tentorium trium Americanarum collapsum est. Puellas libenti animo adiuvavisti ad tentorium exstruendum.

tentorium *Zelt* collabi, collabor, lapsus sum *zusammenstürzen* exstruere, exstruo, struxi, structum *aufbauen*

125) Latrinulam mobilem in acta balneari statutam dictis imagunculisque indecoris oblevisti. Erubesce! Phui!

latrinula mobilis *Toi-Box* statuere, statuo, ui, utum *aufstellen* dictum *Spruch* indecorus *unanständig* oblinere, oblino, levi, litum *beschmieren* erubescere, erubesco, rubui *erröten, sich schämen*

126) Nervi surae dextrae feminae feriantis sexaginta annorum contraxerunt cum papilionum more in mari natabat. Sine mora in aquam te praecipitavisti et miseram ad litus traxisti.

sura, ae f *Wade* femina ferians, antis *Urlauberin* contrahere, contraho, tracti, tractum *zusammenziehen*

127) In apodyteria introspexisti ad feminas vestem mutantes contemplandas! Quod plane dedecet.

apodyterium *Umkleidekabine* vestem mutare *sich umziehen* dedecet *es gehört sich nicht*

128) Navicula automataria vehebaris, cum manum natatricis e fluctibus eminentem conspexisti. Quid fecisti? Extemplo naviculam inhibuisti, zonam natatoriam in fluctibus periturae iecisti, in fluctus insiluisti, feminam in navem imposuisti. Ad superbiam me inflas!

navicula automataria *Motorboot* natatrix, icis f *Schwimmerin* eminere, emineo, ui *herausragem* extemplo *augenblicklich* inhibere, inhibeo, ui, itum *anhalten* zona natatoria *Rettungsring* in aqua perire *ertrinken* insilire *hineinspringen* in navem imponere, impono, posui, positum *an Bord nehmen* ad superbiam inflare *stolz machen*

129) Tres horas sine intermissione naviculam pedalem dictam vi pedum promovisti. Macte!

intermissio, onis f *Unterbrechung* navicula pedalis *Tretboot* macte! *bravo!*

130) Condiscipulum natandi ignarum derisisti et ludibrio habuisti. Quod dedecet et indignum est! Fac erubescas!

condiscipulus *Klassenkamerad* ignarus *unkundig* deridere, derideo, risi, risum *auslachen* ludibrium *Spott, Hohn* dedecet *es gehört sich nicht*

131) Phoebi cultor / cultrix totam hebdomadem apricabaris / apricatione calescebas, ut sole infectus (-a) amicis invidiam conflares. Dermatologus, cutis sanandae peritus, te iam exspectat!

Phoebus *Sonnengott* cultor, oris m *Verehrer* apricari / apricatione calescere, calesco, calui *sonnenbaden* sole infectus *gebräunt*

132) O hominem calamitosum! Pisces hamo capere volebas. Calceum veterem, pyxidem raviolorum semiplenam, sacculum plasticum cepisti!

homo calamitosus *Pechvogel* piscis, is m *Fisch* hamus *Angel* calceus *Schuh* vetus, eris *alt* pyxis, idis f *Büchse* semiplenus *halbvoll*

133) Ad doctoris gradum summa cum fraude pervenisti. Praemio feriarum in Baleari maiore agendarum te ipse/ipsa affecisti.

Ad doctoris gradum pervenire *promovieren* fraus, fraudis f *Betrug* praemio afficere *belohnen* Balearis maior *Mallorca*

134) Ventus frigidus flabat. Tu tamen pectore denudato in acta deambulabas, ut omnes tuum corpus athleticum notis compunctum conspicerent invidiaque rumperentur. O vanitas vanitatum ...!

flare *blasen* denudatus *entblößt* notis compungere, compungo, punxi, punctum *tätowieren* invidia *Neid* rumpere, rumpo, rupi, ruptum *platzen* vanitas, atis f *Eitelkeit*

135) Toto tempore feriarum cottidie tabernulas appetebas in acta statutas, quibus in tabernulis pabulum MacDonaldense Burgiregiumque venum ibat. Qui CCC (cibi cito cocti) inter alios hi sequentes erant: varii hammaburgi, poma terrestria more Francogallico fricta cum iure ovis condito, hillae calentes Anglice "hot dogs", lingua indigenarum Hispanicorum "perritos calientes" dictae.

tabernula *Kiosk* pabulum *Futter* venum ire *verkauft werden* pomum terrestre *Kartoffel* ius (iuris n) ovis conditum *Mayo* hilla *Würstchen* indigena, ae m+f *Ureinwohner*

136) O te fortunatssimum/-am! Die vicesimo tui/-ae nati/-ae rex/regina Ballermannensis, balnearii sexti igitur, electus/-a et coronatus/-a es! Gregorius Drevius rex Balearis maioris, Micculus Crispus, Robertus Albus, Tonulus Marescallus, ad unum omnes viri magni ponderis, tibi gratulati sunt.

vicesimus *der zwanzigste* balnearium *Bad*

137) Cum fraterculo tuo (in) navem alvo vitreo instructam conscendisti, ut animalia marina quam proxime intueri posset. Bene fecisti!

navis (-is f) alvo (<alvus, i f *Schiffsbauch*) vitreo instructa *Glasbodenboot* (in) navem conscendere, conscendo, endi, ensum *an Bord gehen* intueri, intueor, tuitus sum *betrachten*

Szenisches Spiel: In taberna MacDonaldensi / At McDonald's

"Et quid, quaeso, est Big Maec?"
"Hammaburgus duplex est, stultule!"

Notes for the Teacher

Objectives

- to encourage the pupils to act out a short Latin-English play
- to help them overcome their natural inhibitions when they perform in front of an audience
- to encourage them to do interdisciplinary cooperative work (English/Latin/Art)
- to make them learn and internalize English and Latin lexis and syntax through acting
- to kill the "dead language" albatross and encourage them to s p e a k Latin – for a change
- to encourage them to develop their theatrical skills and creativity
- to give weaker pupils a chance to display their "theatrical potentials"

Target Group

This playlet is supposed to be "acted out" by senior pupils who, apart from having a fairly good knowledge of English and/or Latin also have theatrical ambitions and the necessary talent.

The Topic

A young ancient Roman, Renatus, is reincarnated in the 21st century as the exchange partner of Anthony, an English grammar school pupil. As Renatus only speaks and understands his *lingua Latina* and Anthony, in spite of having learned Latin for three years, has only very rudimentary knowledge of the language of Cicero and Livius, his girlfriend Polly Glott (Nomen est omen!) has to function as an interpreter, her translations not being the stiff, literal versions that are frequently found in textbooks, though.
The play has been designed in a way that the non-Latinists among the spectators will have no problem understanding the Latin parts of the dialogues. Contextual clues and Polly Glott's constant translating will help them to roughly grasp the respective meaning.

Suggested Procedure

STEP 1
Teacher reads out the playlet and semanticizes the unknown vocabulary.
STEP 2
Teacher designates the cast. Four main "actors" are required: Renatus, Anthony, Polly, counter girl. Furthermore some "birthday guests" are needed.
STEP 3
Cooperating with the Art teacher the students see to the costumes and props, the set, the stage lighting, etc.
STEP 4
Pupils rehearse the playlet and perform and present it within the frame of a school festivity or a project week. During the performance a video clip could be made.

In taberna MacDonaldensi / At McDonald's

Anthony has a pen pal from ancient Rome, Renatus, who can only speak and understand Latin. They are entering a McDonald's restaurant now with Polly Glott, Anthony's girl-friend, who is acting as an interpreter. Renatus is wearing Roman clothes and sandals. Everybody is watching him in surprise as he enters the restaurant. Some customers even point their fingers at him.

X (*to Y*): Look at that strange customer over there! I wonder what circus or mental asylum he has escaped from!

R: Cur iste digitum ad me intendit?

P: Why is he pointing his finger at you? (*Indicating Renatus' attire*) Quid mirum, Renate? Sandaliis uteris, tunicatus es. Rara avis es! You're a strange bird!

R: Rarane avis? Egone? Re verane? Okay, okay, fiat! – Em, quomodo tandem fit, ut aër in popina MacDonaldensi multo frigidior sit quam foris?

P (*to A*): He wonders why it's so much cooler in here than outside.

A: Tell him the room's air-conditioned.

P: Okay, well, Romane, aër in taberna, ut nos Britanni dicimus, "condicionatus" est, si intellegis, quod dicere velim.

R: Minime intellego! Quid quaeso verbum 'condicionatum' sibi vult?

P (*to A*): He doesn't understand. By the way, Mr. Technician, what does "air-conditioned" actually mean?

A: It means supplied with air that is purified and kept at a certain temperature. Tell him that!

P: Age, Renate, aër constanter purificatur et frigeratur. Tenesne? Understand?

R: Hmm!

A: I'm savage as a meat-axe, my stomach's rumbling, I feel like eating a good big meal now. How about you, Renatus, my friend? I guess you're hungry, too?

R (*to P*): Quid? Minime intellego, quod dicat!

P: Antonius dixit se fame premi intestinaque sua crepitare. Tune etiam fame premeris, Renate?

R: Ita est. Fame morior et ego. Bovem totum devorare possem!

P: Renatus is starving, too. He says he could eat an entire ox!

A: Okey, dokey! Let's hurry to the counter there and get something to eat.

P (*to R*): Ad mensam ciborum eamus, ut cibos eligamus!

R: Rectene audivi? Cibi nobis metipsis afferendi sunt? Nonne puer aut puella popinales nobis ministrant?

P (*shaking her head*): Nullo pacto! In tabernis MacDonaldensibus hospites sibi ipsi ministrant. – (*to A*): Renatus wonders why we are not being waited on. I told him there's self-service in McDonald's restaurants.

R (*sniffing, to A*): Nares meae mucosae emungendae sunt. Habesne *Kleenicem* mucinnium chartaceum, Antoni?

P: Renatus wants a hankie! His nose is running. Have you got one for him, Tony?

A: Sure! Here you are, Renatus! *(Hands Renatus a Kleenex)*
R (*takes the handkerchief and blows his nose*): Gratias!

(*They go to the counter*)

Counter girl: Hi, can I help you?

A: Just a minute, please! – (*To R*): What would you like to eat and drink, Renatus? Come on, tell me!

R: Huh? Quid? Ne unum quidem verbum intellego!

P: Quid cupis ad edendum et bibendum tibi dari, o Renate?

R: Haec hic in tabula litteris illuminatis inscripta cibi et potiones MacDonaldenses sunt?

P: Ita est ut dicis, Renate. (*to A*): He wonders if that's the menu on that board.

R: Litteras illas legere non possum. Oculis enim non satis prospicio.

P (*to A*): Renatus is short-sighted. You're short-sighted, too. Won't you lend him your glasses?
(*To R*): Naso tuo Antonii impone perspicilla, vitra ocularia, ut scripta melius legere possis, o Renate.

R (*putting on the glasses*): Mecastor! Nunc omnia clarissime videre possum! ... Quid quaeso est hoc: "Chicken MacNuggets"?

P: Renatus wants to know what chicken McNuggets are. No idea how to translate that into Latin! I don't even know myself what that is!

A: Tell him that's fried chicken lumps served with different sauces.

P (*to R*): It's – er – I mean – sorry – er – sunt – sunt – sunt frustula gallinacea fricta iuribus variis conspersa.

Counter girl: Have you decided now on what you'd like to have?

A: Well, not quite. (*to R)* Okay, Renatus, make your choice now and tell the girl at the counter what you want to eat and drink.

P: Quid nunc igitur in cena sumere velis, Renate?

R: Nondum scio. (*Pointing to food list)* Quid, amabo te, est "Hamburger"?

P: "Hammaburgus" panicellus est more MacDonaldensi paratus his rebus fartus: bubula assa concisa, duobus vel tribus anulis ceparíis, folio lactucae, sinapi, iure lycopersicio: a slice of beef, some onion rings, a leaf of lettuce, mustard and ketchup.

R: Quanti constat "hammaburgus"?

P: How much does it cost? Well, look at the list, constat una libra Britannica – one pound sterling.

A (*to P*): I don't know at all what you're on about! In English, please!

P: I just explained to Renatus what a hamburger bun's filled with and what it costs.

A: Oh, did you? Tell my Roman friend he can also have a cheeseburger, of course, if he likes ... or a Mac Chicken or a Fish Mac with French fries.

P: Sunt et caseiburgi, panicelli MacDonaldenses caseo aucti. Sunt et pulliburgi, panicelli carne gallinacea farti, sunt pisciburgi carne piscaria infersi. Hi omnes paniculi, scilicet, et solanis tuberosis (pomis terrestribus et dictis) more Franco-Gallorum frictis ornati veneunt.

R: Prorsus adoro patatas frictas, sed carne – fu! – carne minime vescor! Non est ex valetudine mea.

P: Oh, he's a vegetarian! He doesn't eat meat!

A: A veggie! Is he? What's 'vegetable' in Latin, Polly, me gal?

P: Olus, oleris, neuter.

A: He might eat a Mac Olus then? A 'panicellus olo infersus' as it were? Right?

P: Well, no, not exactly! The ablative case of 'olus' is not 'olo', but 'olere', because the genitive is 'oleris' and not 'oli'. See the point, sillybilly?

A: Huh? Er ... not quite! Not really! ...Oh, forget it! I'm starving, I think you'd better ask that health freak to hurry up and make his choice now.

P: O hominem felicem! Veneunt et acetaria – they also sell salads – et oleriburgi – vegetable burgers – panicelli MacDonaldenses oleribus farti. Placetne tibi sumere oleriburgum?

R: Quidni? Libenti animo! Libentissimo animo! Ego oleribus valde delector! – Em, alea iacta est: oleriburgum habere volo!

P: Gaudeo te demum consilium cepisse. (*To A*): Renatus has made his choice. He's nuts about vegetables, he says he'd like a veggie burger.

A: Fine. And now ask him what he'd like to drink, will you?

P: Et quidnam vis bibere, o Renate? (*Pointing to the list*) Sume tibi, quod animo gratum sit:
Coca-Colam regularem? A regular coke?
Dilutam? A diet one?
Mali aurantii iurulentiam? An orange juice?
Mali aurantii iurulentiam dilutam? An orange squash?
Citrinam? A lemonade?
Fantam? A Fanta?
Aquam daemoniacam? A Sprite?
Aquam carbonatam? A mineral water with gas?
Lac quassatum coagulatum? A milk shake?

R: Lacne quassatum coagulatum? Tu sane iocaris! Dic, Apollonia, nonne ebriamina veneunt in popinis MacDonaldensibus?

P: Sane quidem! Certe et ebriamina veneunt – of course you can have alcoholic drinks, too: Beer, for example, cerevisia, venit, and wine, red and white – vinum, et rubrum et candidum! Potiones Martinianas – Martinis. Varia vischia – different whiskeys, etc.

R: Okey dokey! Vinulum rubrum bibam! In vino veritas, vinum pellit curas, vinum laetificat cor.

P: Yeah, there's truth in wine, wine's a problem solver and it rejoices the heart. (*To counter girl*): So it's a Vegetable Mac and a red wine for that Roman gentleman here and a Big Mac and a coke for me.

CG (*putting the things on a tray)*: Here you are, dear!

A: And a Fish Mac with chips and a Sprite for me, if you don't mind.

CG: Here you are! – Er, would you like anything else, please?

P (*to R):* Visne aliquid amplius? Bellariane – a dessert perhaps? Placentam ex chocolato – a chocolate cake? Trahemesursum – some tiramisu?

R (*to A and P*): Benigne! Nil amplius, gratias. Sinite, amici, me persolvere! (*To CG)*: Redde, quaeso, puella, rationem! Quanti haec omnia constant?

A: What did he say? It's all double Dutch to me!

P: It's all double Latin at best! Renatus doesn't want anything else, but he says he wants to pay the bill. He's just asked the counter girl what it all costs.

A: Renatus wants to pay?! No way! Tell him he's my guest – and so are you. I'm the one to pay the bill, of course!

P (*to R)*: Antonius minime sinit te rationem solvere! Ad cenam invitati nullo pacto terrarum rationem solvunt!

R (*to A)*: Okey, dokey! Benigne dicis! Gratias ago quam plurimas, amicissime mi! Sed cum Romam advenerimus, m e a e erunt partes rationis solvendae!

A: Okay, you pay in Rome. (*To himself, proudly*): Ha, I'm great, I understood what he said! – But come on, let's hurry up now and sit down at that free table over there! Polly darling, translation, please!

P: Satis nunc morarum, Renate. Discumbamus! (*They take their trays to a free table and sit down*): Edamus, bibamus, gaudeamus – post mortem nulla voluptas! Let us eat, drink and be merry – after death, there is no pleasure, as some classical chap used to say.

(Renatus takes his sandals off)

A: O tempora, o mores! What on earth are you doing with your scruffy old shoes? (*Holds his nose*) Quidnam terrarum facis sandalibus tuis?

P: S a n d a l i i s tuis! "Sandalium" is a noun of the second declension. So the ablative case is "sandaliis", not "sandalibus", silly!

A: Okay, okay, Polly, you smart aleck! What on earth then facis sandaliis tuis, my Roman friend?

R: Ea exuo ut apud nos est mos. Romanus sum, Romani nil a me alienum puto.

P: He's a Roman, you see. Romans are, or rather they were, in the habit of taking their shoes off at the table. So if Renatus feels he must take his sandals off, let him do so! Consuetudo est quasi altera natura, quae omni Romano observanda est!

A: I guess that means "In Rome do as the Romans do"?

P: You're perfectly right, my lad.

A (*no longer holding his nose):* Fortunately he hasn't got smelly feet!

R: Smelifit?

P: Ita! Pedes male olentes.

R: Pedesne male olentes? Quisnam habet? Egone?!

P (*reassuringly)*: Minime vero! Of course not, Renate! Your feet don't smell. – Oh, forget it!

R Hmm! (*lifting his glass*): Propino vobis salutem! Sit felix convivium!

P (*lifting hers*): Salutem et tibi propinamus, Renate! Cheers!

A (*to R*): Here's to you, old chap!

R (*seeing a group of children*): En istos! Quidnam omnes hi puelli puellaeque potiunculas stipulis sugentes in angolo popinae MacDonaldensis sedentes agunt?

P: Those kiddies over there slurping orange juice through straws? Diem festum alicuius nati celebrant. Audisne eos cantiunculam natalem cantantes?

Children (*singing loudly and off-key*): Happy birthday to you! ...
(*To A*): Renatus wondered what those brats over there are doing? I told him it's a birthday party.
Children (*singing*): ... Happy birthday to you! Happy birthday to you! Happy birthday, dear Johnny! Happy birthday to you!

R: Quidnam cantitant?

P: What are they singing? Well, cantant cantiunculam natalem, a birthday song ... and a very popular one, a valde popularem one at that. (*Sings*): Dies nati tui, dies nati tui, tibi faustus sit et felix, o Iohannule mi! ... Puerulus enim ille flavus Iohannulus appellatus hodierno die decem annos natus est. Diem sui nati, ut hodiernis diebus computatoriis est mos, cum amiculis suis apud Donaldifilium, in taberna igitur MacDonaldensi, celebrat.

R: Tempora mutantur!

P: Mores et liberi et mutantur in eis!

(*To A*): I explained to Renatus that people in our time are in the habit of celebrating children's birthdays at McDonald's restaurants.

A: I see. (*To R*): Bon appétit, Renatus! Buon appetito! Buen provecho! Bom proveito! приятного аппетúта! How's your vegetable Mac?

R: Quid?

A (*to P*): He didn't understand.

P (*to R*): Sapitne bene panicellus tuus oleribus infersus, o Renate, mi amice?

R: Eu! Optime sapit! Iucundissimus, omni laude dignus est! Pro certo habeo cibos Macdonaldenses multo melius sapere quam illi ab Apicio homine palati subtilis compositi. ... Delectaris et tu hammaburgo magno tuo?

P: Oh, yeah, my Big Mac's delicious! Mirum in modum eo delector.
(*To A*): How's your Fish Mac, Tony, my friend?

A: Well, you know I'm not actually a fish fiend, but eating beefsteak has been quite a risk these days.

P: A risk? What d'you mean? – Oh, I see! You mean because of – thingummy – er – er – BSE? Is it?

A: Wow! You've touched the thing with a needle! You've hit the nail on the head! Rem acu tetigisti!

P: Probe dicis! Rem acu tetigi!

R: De quibus quaeso loquimini, amici? BSE? Quae est huius verbi vis?

P: De carne bubula loquebamur, qua pastilla MacDonaldensia farta sunt. Quae caro saepe caro boum Britannicorum! Permulti boves in Britannia e morbo insidioso laborant, qui vulgo 'dementia bovina' appellatur.

R (*smiling slyly*): Suntne ergo mente capti boves Britannorum?

P: Yep! Ita est. At least quite a number of them are mad. At any rate, utcumque res se habeat, manum de carne bubula Britannica! Fieri enim potest, ut morbus, e quo boves Britannici laborant, ad homines eam edentes transeat!
(*To A*): I've just informed Renatus about the mad cow disease and the dangers that may emanate from eating British beef.

A: Oh, so you are aware of the potential dangers? ... And why then, may I ask, why then, for Chrissake, don't you stop eating those bloody Big Macs, you asinus!

P: You mean a s i n a, darling! Asina! I'm a girl after all. Well, but don't worry: McDonald's is American! They use American beef in their burgers, not British! (*To R*): Antonio eo ipso puncto temporis dixi bubulam MacDonaldensem bubulam Americanam, minime Britannicam esse. Bovibus Americanis mens sana in corpore sano est!

A (*opening a packet of cigarettes*): Does anybody mind me smoking a little fag? A good Camel King Size filter one?

P: Antonius 'Camelum' nicotianum bacillum more regio longum filtro ornatum sugere vult. Quid opinaris de ea re? What do you think about that, Renate?

R (*shaking his head*): Nullis stultitia est sanabilis herbis! Abhorreo a fumo fistularum nicotianarum hauriendo! | (*Flipping the bird*) Tabacimaniaci delirant et mente capti sunt, quia pulmones suos destruunt. Praeterea nocent et saluti aliorum. Salus populi suprema lex!

A: What does he say, dear?

P: He says smokers are idiots who destroy their lungs and impair other people's health.

R: Ut iam dixi: Salus populi suprema lex!

P: Yes, the well-being of the people is the supreme law.
A: Oh, come on, come on! One mustn't lay it on that thick! Please, please, Apollonia, just one, just one ridiculous little faggie!

P: Trahit sua quemque voluptas, ut Vergilius poëta dixit, o trunce!

A: Pardon me, what do you mean?

P: Every man is the architect of his own fate. You just carry on smoking and you'll see where it all ends!

A (*lights a cigarette and inhales the smoke*): Ah! O dulce nomen libertatis!

P: Holy moly! You call that freedom? Nobody is free who is a slave to his body, honey!
(*To R*): Nemo liber est qui corpori servit, ain tu, Renate?

R (*nodding assent*): Omnino consentio! Sed nunc necessitati parere debeo. Ubi quaeso est latrina? Ubi est locus secretus?

A (*aside, in a huff*): Niggle, niggle, niggle! Why does everybody pick on us poor smokers?

P (*bites into her Big Mac and speaks with her mouth full*): The loo? No idea! Tony, where's the john here?

A (*still miffed*): Straight ahead, down there on the right.

P (*pointing to the toilet*): Latrina MacDonaldensis illic est, Renate. See that door over there with that little black man painted on it? – Videsne portam, qua in porta homunculus niger pictus est?

R: Video. (*Goes to the toilet*)

(*A and P sit in silence, A sipping his Sprite and smoking his fag and P finishing up her meal)*

A (*no longer in a huff*): By the way, sweetie pie, why do you keep calling Renatus R e n a t e? He isn't a girl, is he? Nor does he look like one – not even in that ridiculous miniskirt of his!

P: Silly! How long have you been learning Latin? "Renate" isn't a girl's name, it's a Latin vocative, the case of direct address!

A: Oh, is it? We haven't learned that yet!

P: Of course you have! – And as to Renatus' "ridiculous miniskirt" as you call it – well, in Rome do as the Romans do! We've had that! Remember?

(*Renatus is coming back from the toilet with his fly open*)

(*A to P*): Oh, look, Polly dear! Renatus' fly is open!

P: Is it? *(To Renatus, in a whisper*): Heus, Renate! Braculae tuae aperiuntur!

R: Braculaene meae? Reverane? Aperiunturne? – Fiat! Nihil mea interest! De minimis non curat lex. Per me licet!

A: What? Quid? Fiat? What's the matter? – We don't have a Fiat! We have an Audi!

P: Oh no! Renatus said the law does not care about trifles, he didn't talk about cars, not about cars in general and not about Fiat cars in particular!

R: Ceterum, amici, quaenam quaeso est machina illa parieti latrinae MacDonaldensi affixa? Nummariane?

P: The machine in the loo? (*To A*): Is there a one-armed bandit in the Gents, love?

A: Nope! There isn't. I guess Renatus means the condom machine. It's been there for a fortnight now.

R: "Condom"? Quidnam, malum, est "condom"?

P (*to R*): In machina, de qua loquimur, "condoms" insunt, tegumembra, gummi contraceptiva "Contonensia" dicta. (*Wags her finger*) By caution must love be guided – circumspectione regendus amor! Est morbus venereus mortifer valde diffusus AIDS appellatus ...

R: Ah, I see! Intellego! – At cur gummi illa "Contonensia" dicuntur?

P: Why are they called Conton rubbers? Well, they were invented by a British doctor called Conton. A medico Britannico nomine Conton inventa sunt.

A: Well, we've finished our meal, I think we should be leaving now. – What's the time, by the way?

P: Quota hora est? Oh, it's ten past three already – decem minuta iam sunt post tertiam!

R (*pointing to Polly's wristwatch*): Oh! Quid est huic rei nomen Latinum?

P: That's a Swatch, a horologium bracchiale in Confoederatione Helvetica fabricatum. Horas et minuta, momenta temporis, metitur.

R (*sipping his wine*): Estne aquae impenetrabile illud Swatch?

P: Sure, aquam non transmittit, it's water-resistant! (*To A*): By the way, where have you parked your Harley, hon?

A: We haven't ...

R: "Harlihan"?

P (*to R*): Yes, a Harley! That's a motorbike – autobirota Americana est!

R: At tu minime dixisti "harli", dixisti "harlihan"!

P (*to A*): Oh, I see what he means. (*To R*): Dixi: Harley, comma, hon. "Hon" is the short form of "honey" and a term of endearment which means "darling" and the like – vox blandula est, quae "melculum","corculum" ,"musculum", "cuniculum" sonat.

A (*to P*): Hm! What I was going to say – oh yes, um, we haven't come here on my hot rod, Polly. Dad took us here in our new AUDI. Right, Renatus? In our AUDI!

R: Huh? Quid? What? Certe audio. Quid me vis? Qua de re agitur, Antoni?

A (*to P*): Eh? What the heck does he mean now?

P: I'm afraid you got your wires crossed. You said AUDI – which is a Latin imperative meaning "listen!" | (*To R)*: Audi, Renate: AUDI autovehiculum Germanicum est, quod Lupicastelli a "Volkswagen" fabricatur – a German car made in Wolfsburg by Volkswagen. Circa quindecim milibus librarum Britannicarum constat. | (*To A*): Will your dad be giving you a lift back home?

A: No, Dad's at work. I'll call a taxi. (*Takes his mobile phone from his pocket*)

R (*seeing the phone*): Quidnam terrarum est illud receptaculum bacillo tenui ornatum?

A: That little container with a thin stick on it? That's my mobile phone, Renatus – telefonius mobilius ... right, Polly?

P: Not quite so! (*To R*) Instrumentulum telelocutorium vectabile est. Permultis a Germanis insciis (*smirks at A, smugly*) "handy" appellatur! Quo instrumentulo utendo effici potest, ut Antonius cum hominibus ubicumque in orbe terrarum viventibus et versantibus colloqui possit.

R: Phy! Fabulas! Credat Iudaeus Apella!

P (*to A*): I told Renatus you can talk to anybody in the world with that phone of yours. He said "bah" and "humbug"! He doesn't believe it.

A (*dialling a number*): Hello! Is that Miller and Son, Taxi Company Ltd? – Yes? – Fine! Could you send a cab to McDonald's in Park Lane, please. – In ten minutes' time? That's great! Thank you. Bye.

P (*to R*): You see, Antonius commodum currum taximetralem telefonice appellavit. Mox aderit et domum vos vehet. | (*She opens a packet of chewing gum, unwraps a piece of gum and puts it into her mouth)*: How about a Wrigley's, Renate? Visne unum?

R: "Vriglisne"?

P: Uhuh! Ita! Gummi manducatorium est a Wrigley quodam inventum et confectum. Gummi bullosum et bullificum et dicitur, quod illo manducando aëribullae, bullae ergo aëre inflatae fieri possunt. – En aspice! Look! (*Makes a bubble and offers R a piece of chewing gum)*

A: Are you talking about chewing gum now? (*Puts the stub in the ash-tray and lights another cigarette*)

P (*snarling at A*): Could you kindly try to control yourself?! – Yes! That's right! I told Renatus it's also called "bubble gum" because one can make bubbles with it. (*To R*): Now it's your turn, mi bone. Ordo nunc vocat te: fac aëribullam – make a bubble!

R: Probum consilium! (*Renatus puts the gum into his mouth and makes a bubble)*
Euax! Euge! Ecce! Adspicite! Bellam bullam feci! Bullifex magnus sum!

P: Bullifex maximus es! The greatest bubble-maker ever alive!
(*To A and R*): But now I think we should be going, boys! Tempus abire mihi nunc est!

R: Quo vadis? Quonam te agis?

P: Where am I going? Domum eo – home!

A: Aren't you coming with us, Polly babe?

P: No, I won't go by taxi! (*Points to her plastic bag*): I've got my inline skates in that plastic bag here and I feel like doing some physical exercise now. (*To R*): Tu una cum Antonio autocurru taximetrali veheris. Ego calceis rotuliferis meis sumptis corpus currendo paulisper exercebo.
(*To A*): In hanc horam valebitis! See you later, alligator! (*To R*): Vale, lacerte!

A and R: Ciao, bella! So long! Bye! (*Polly leaves them*).

A (*to R*): You and me – having to paddle our own canoe now! Looks like we're in for some fun and games.

R: Nescio quid dicas, Antoni, minime intellego!

A: You don't say! (*The cabdriver comes in*) Oh, ibi iam taxi! Our cabman, Renatus, look, there he comes!

R (*looking round*): Ubi?

A (*pointing to the man*): Ibi!

R (*pointing to the phone*): Dic, Toni, re verane hoc instrumentulo baculo exstructo autoraedarium ibi stantem vocavisti?

A: Sure, I called him with that little thingummy here.

R: Incredibile dictu!

A: Oh yes, it's incredible dictu indeed! But hurry up now and finish your wine! Epota vinum tuum. We can't keep that man waiting.

R (*finishing his wine*): Epotavi. Ecce factum!
(*They meet the taxi driver and leave the restaurant with him*)

Solutiones: Lösungen

Quae haec sunt cantica?

3) Sag mir, wo die Blumen sind
4) Ein bisschen Frieden
5) O du lieber Augustin
7) Heute hau'n wir auf die Pauke
8) Du hast mich tausendmal belogen
9) Über sieben Brücken musst du geh'n
10) Warum hast du nicht "nein" gesagt?
11) Du, du bist ein Phänomen
12) Weine nicht wenn der Regen fällt
13) It's Now Or Never
15) Verdammt, ich lieb dich
17) Und der Haifisch, der hat Zähne
2o) O Island In The Sun
21) I Will Follow Him
24) Aber bitte mit Sahne
25) Und morgen früh küss ich dich wach
26) For I Can't Help Falling In Love With You
30) Ein Bett im Kornfeld

Fabula corrigenda

In silva parva casa est. In ea vetula aegrota habitat. Vetula avia puellae est, quam Rubrimitellam nominant, quod semper mitra rubra vestita est. Rubrimitella aviam valde amat. Saepe aviam visitat et placentis et vino et fasciculo rosarum, narcissorum, tuliparum eam delectat.
Hodie puella aviae aegrotae bonam placentam a mamma coctam apportat. Cum per silvam meat, lupus dolosus eam indagat, salutat, interrogat: "Quo meas, mea parvula?" "Certe aviam visitas? Monstra mihi viam, quae ad casam aviae fert. Puella stulta lupo viam monstrat.
Lupus callidus ad casam aviae properat, ianuam pulsat, in casam intrat, aviam devorat, Rubrimitellam exspectat. Post duas horas puella in casellam intrat. Lupus in miseram se praecipitat, puellam plane devorat. Tum in lecto vetulae somno se dat.
Forte fortuna venator prope casellam aviae cuniculos et phasianos agitat. Lupum stertentem audit. Advolat, sclopeto autem bestiam non necat. Forficula ventrem anthropophagi secat, aviam et Rubrimitellam liberat. Feminae laetitia exsultant, per casam saltant, venatorem basiant, cantant: "Nunc improbus est mortuus, mortuus, mortuus! Nunc improbus est mortuus, mortuus!"
Tum ventrem lupi saxis explent et obsuunt. Lupus vulneratus ad alveum reptat, potat, titubat, in aquam incidit, animam efflat.

Fabula anagrammatice adulterata emendanda

In silva parva casa est.
In casa avia Rubrimitellae habitat.
Avia vetula aegrota est.
Rubrimitella aviam valde amat.
Hodie eam visitat.
Bonam placentam et flascam vini aviae apportat.
Ianuam pulsat et in casam intrat.
Sed ubi est avia?
In lecto non est.
Lupus in lecto est.
Bestia dolosa aviam devoravit.
Et nunc puellam miseram devorat.